This book belongs to:

____

This workbook is designed and formatted under the supervision of specialists in education of children.

Children may need to be guided by parents or teacher while practicing the sheets in this workbook.

There are four practicing pages for every letter. The first is with two coloring images and two sight words. The second and the third are with coloring letters. The fourth is pure tracing page.

Hello··

Let's have fun

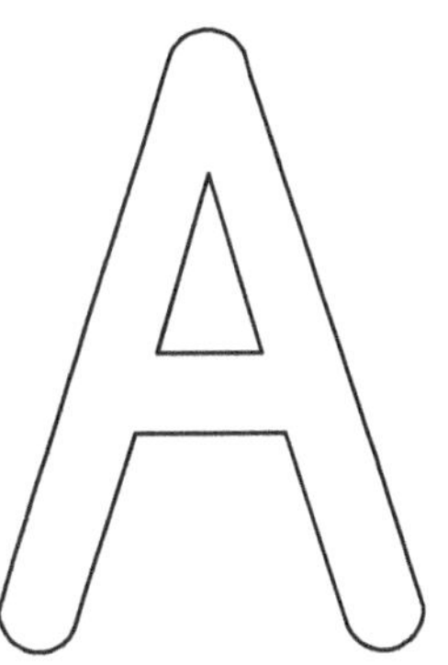

A

A is for

Apple

a

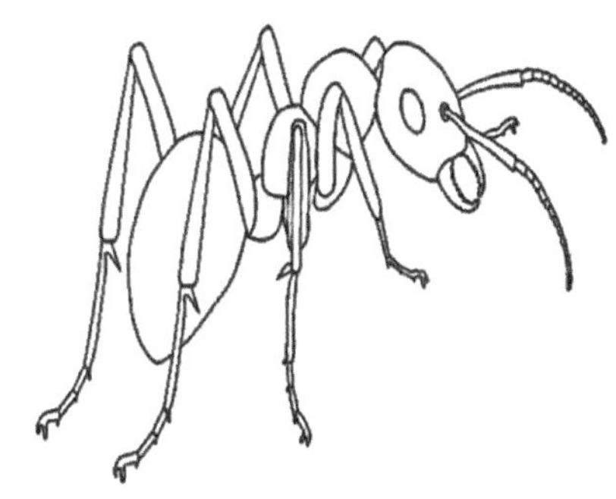

A is for

Ant

A
a

a

A A A A A A

A

A A A A A A

A

a a a a a a

a

a a a a a a

a

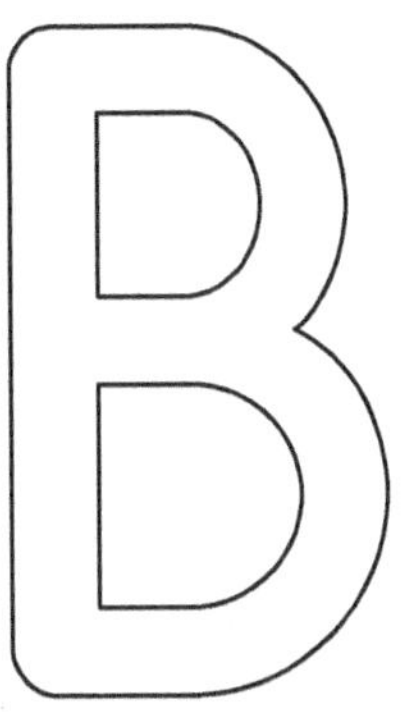

B

b

B is for

Balloon

B is for

Banana

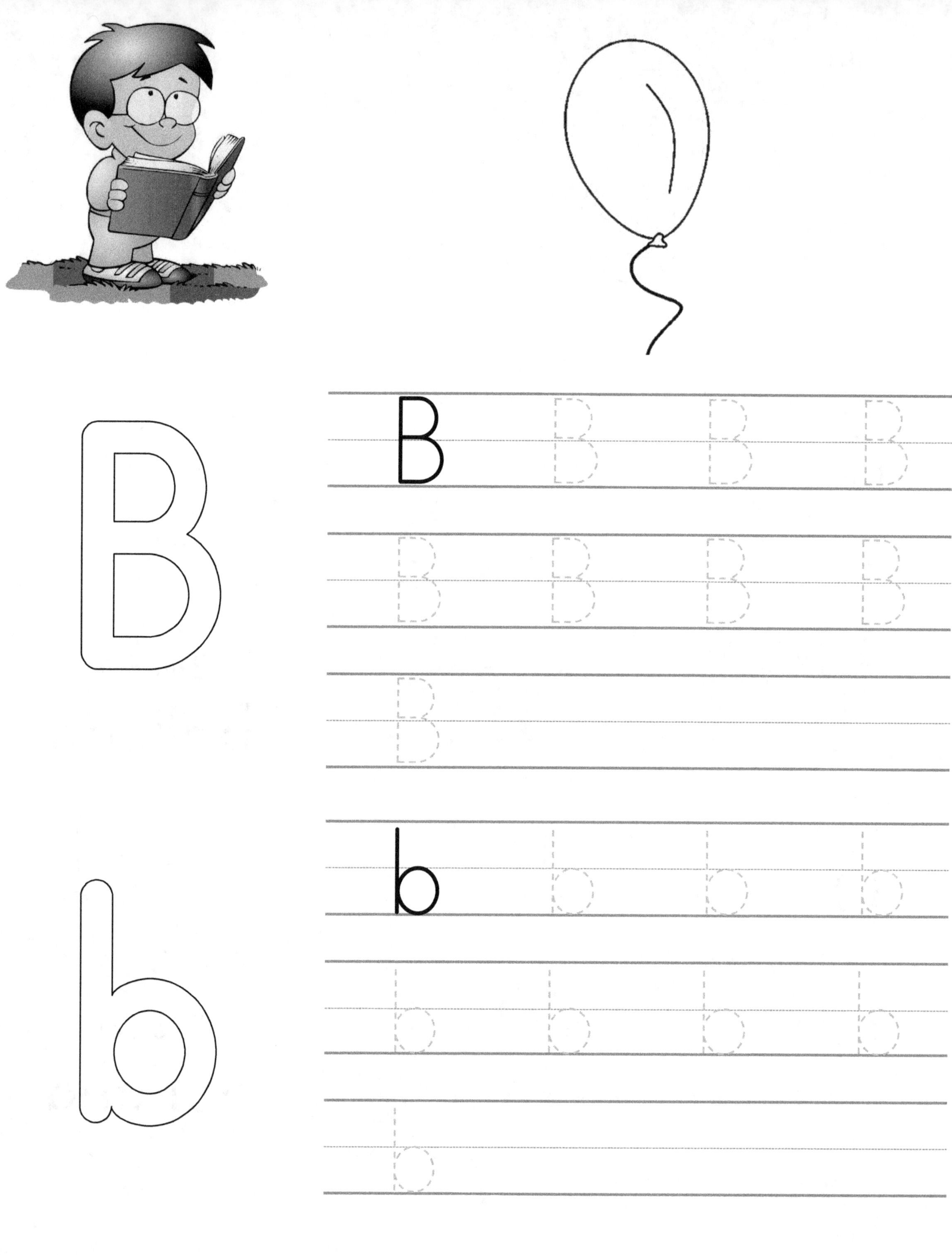

B
B B B B
B B B B
B
b
b b b b
b b b b
b

B B B B

B B B B

B

B

b b b b

b b b b

b

b

B B B B B B

B

B B B B B B

B

b b b b b b

b

b b b b b b

b

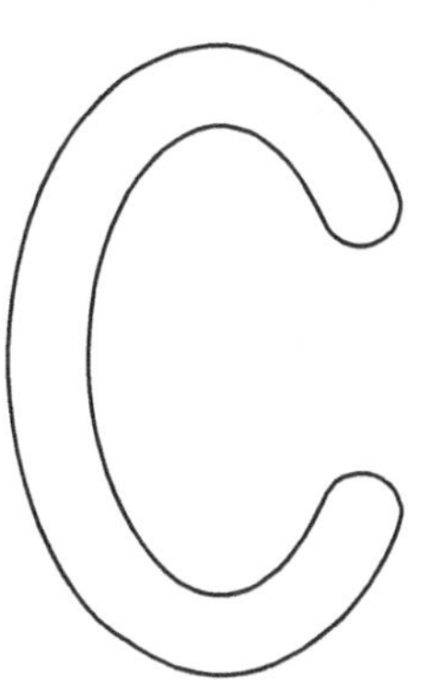

C is for

Cat

C is for

Car

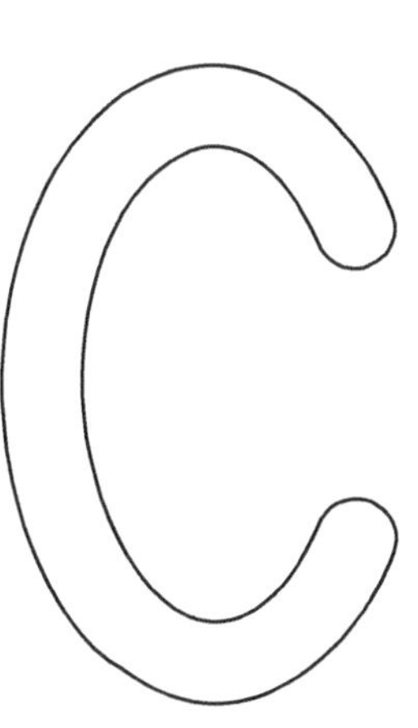

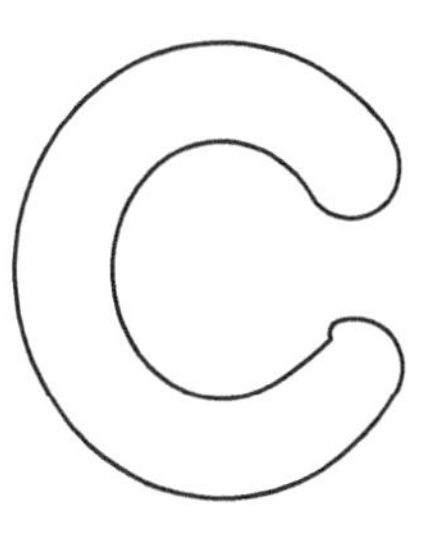

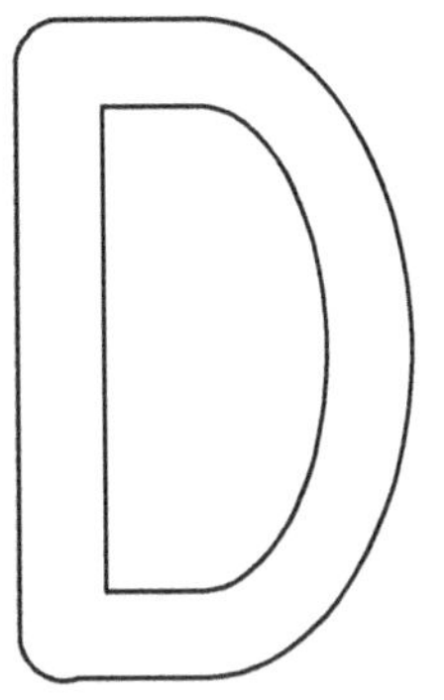

B is for

Dog

D is for

Duck

D
D
d
d

D
d

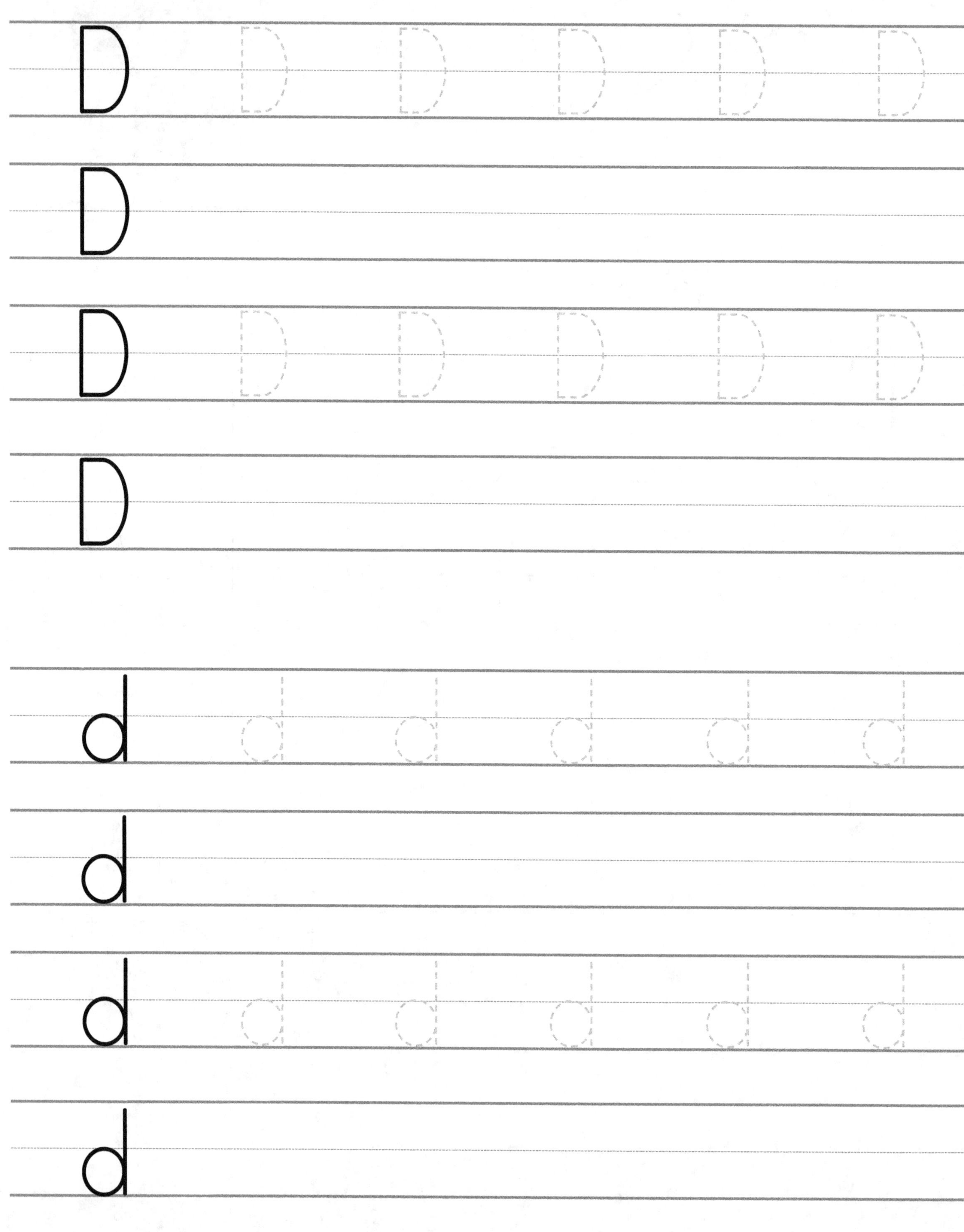

D
D
D
D
d
d
d
d

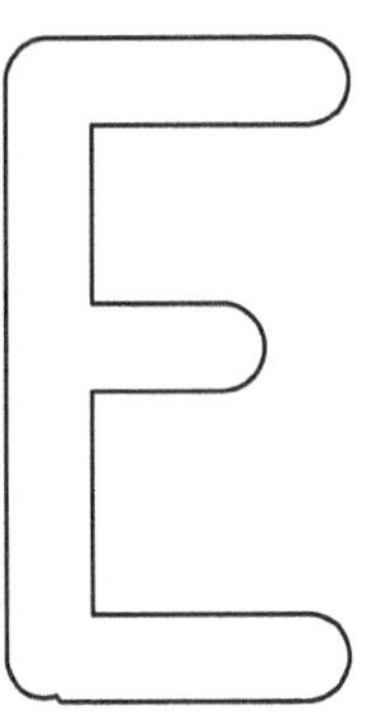

E is for

Elephant

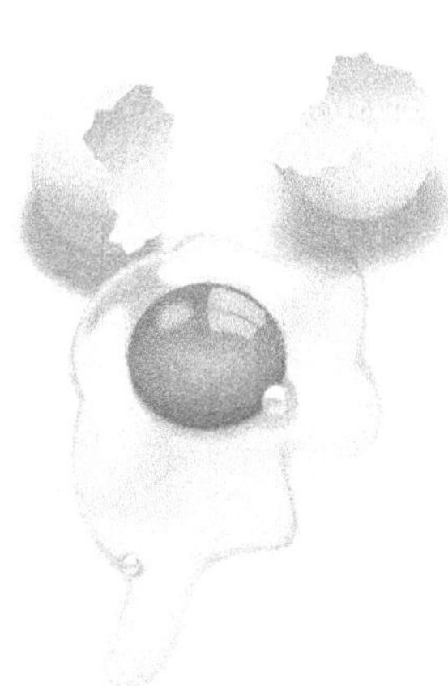

E is for

Egg

E
e

E

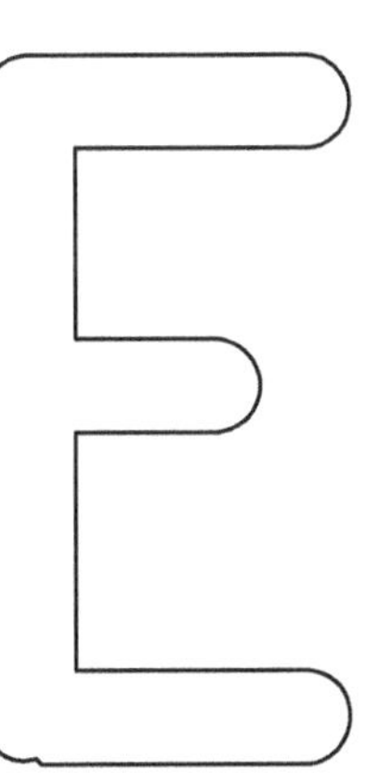

e

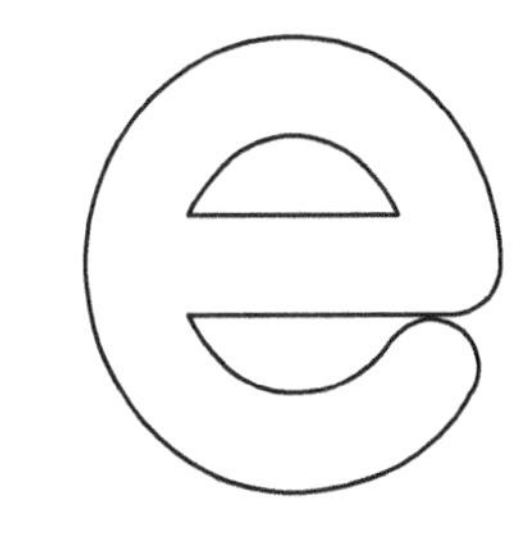

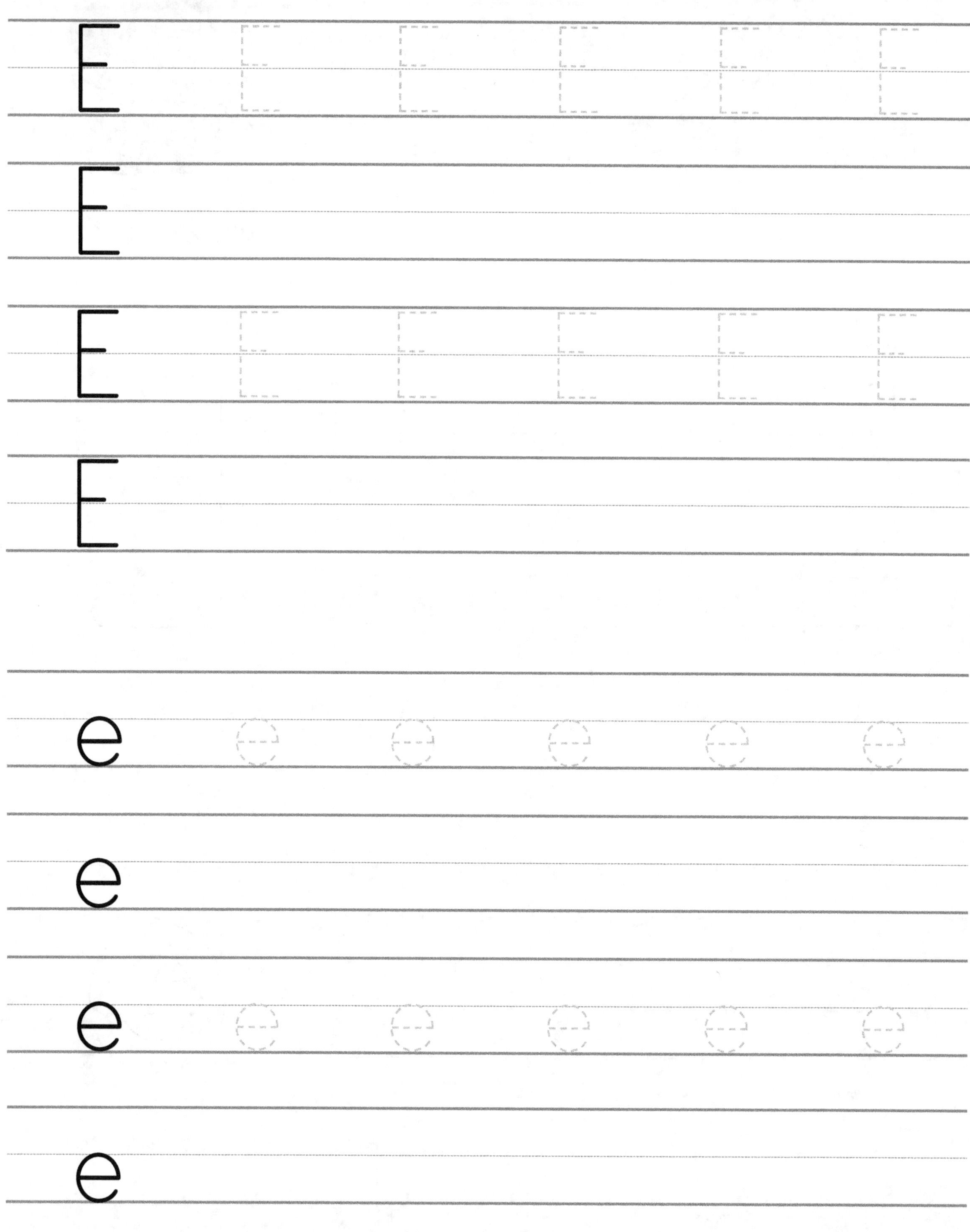
E
E
E
E
e
e
e
e

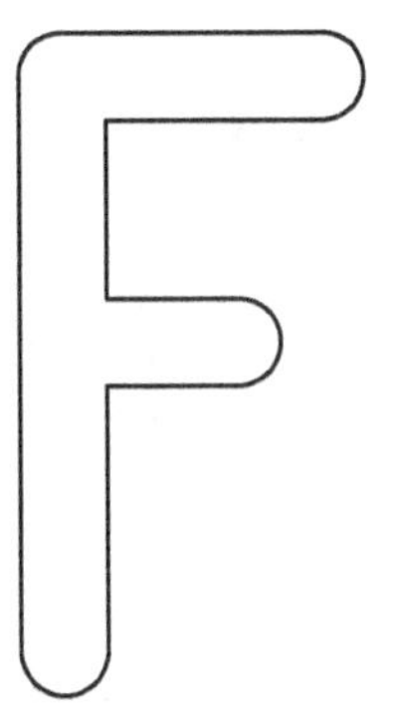

F

f

F is for

Fox

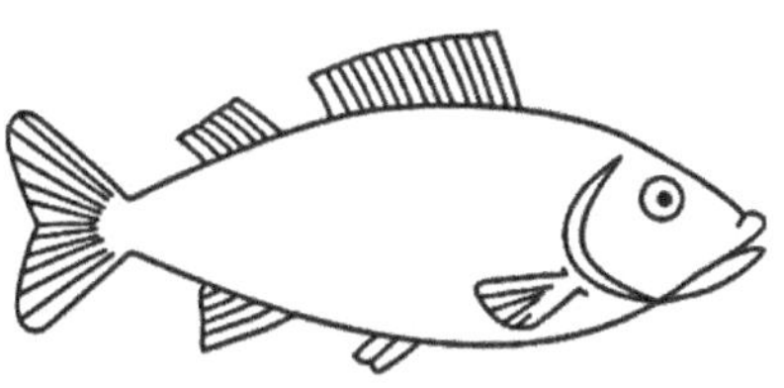

F is for

Fish

F
F
f
f

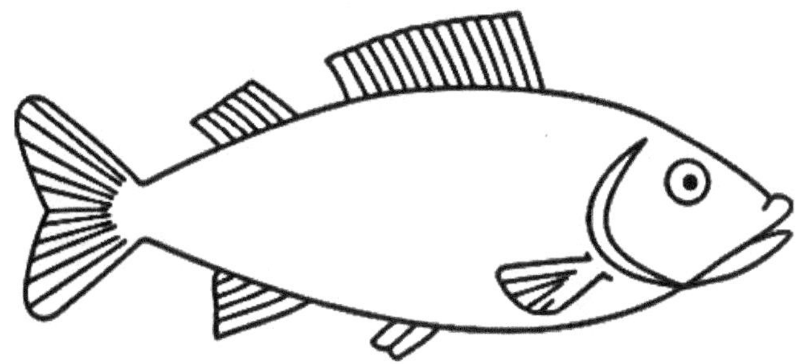

F

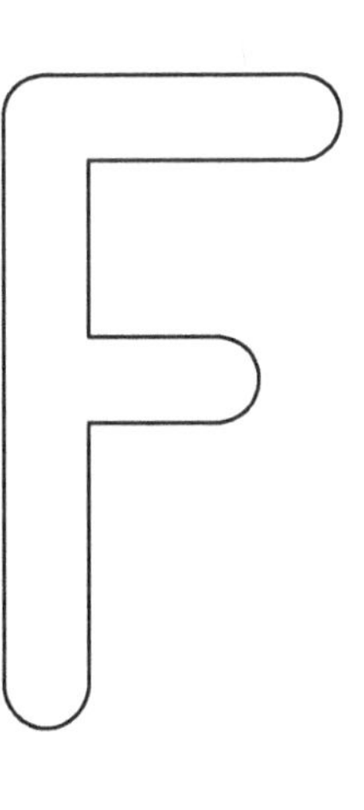

f

G is for

Giraffe

G is for

Grass

G
G
g
g

G

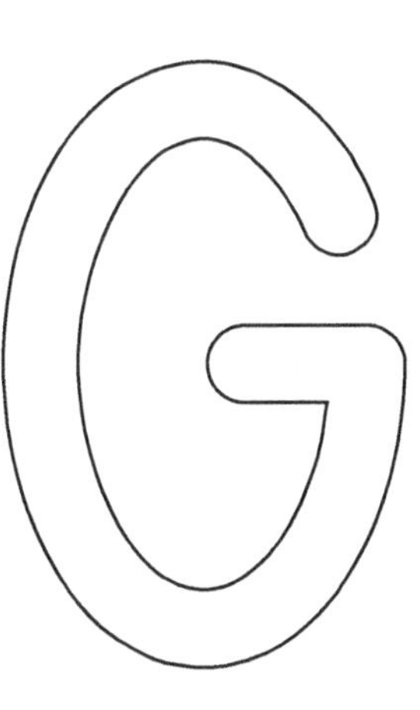

g

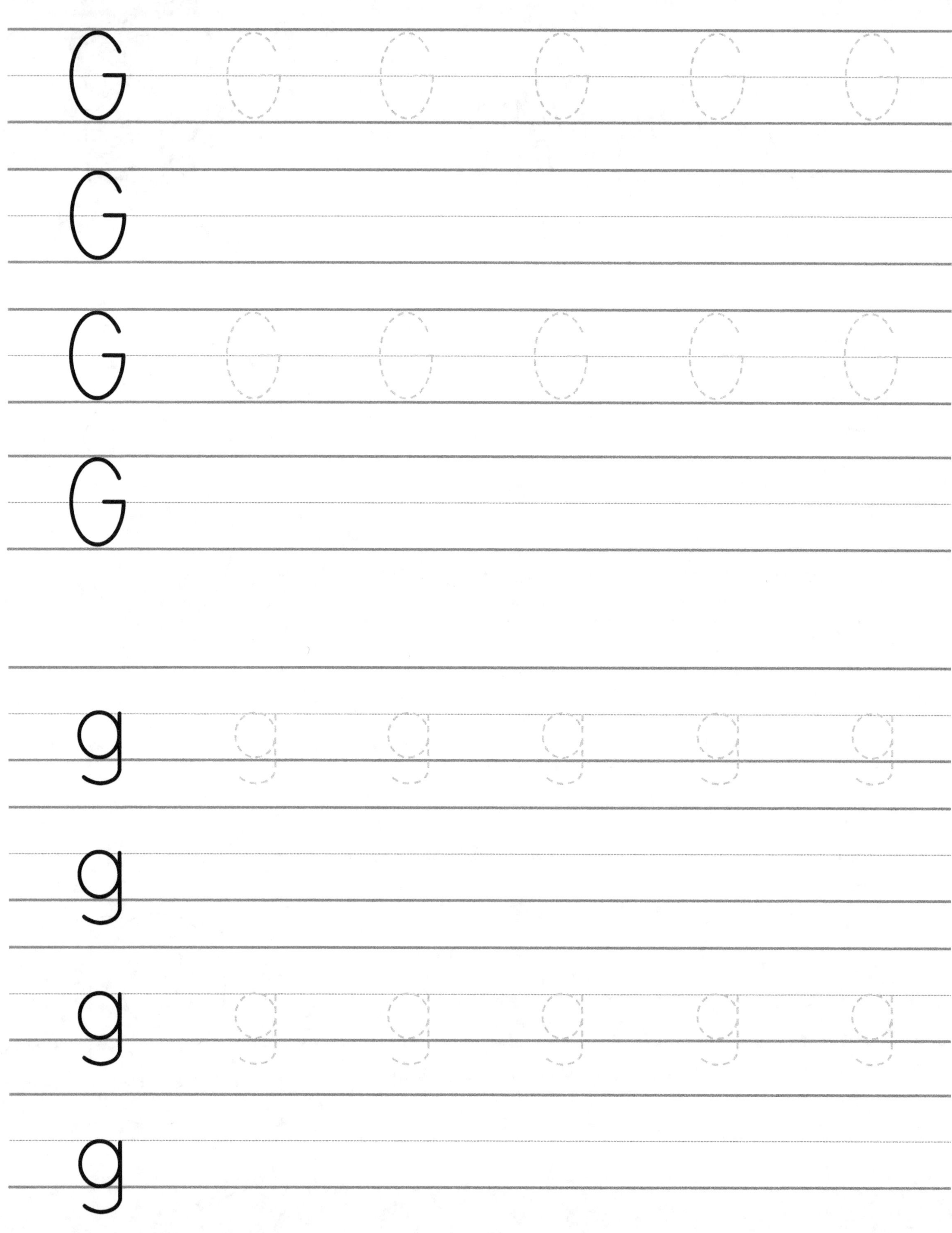
G
G
G
G
g
g
g
g

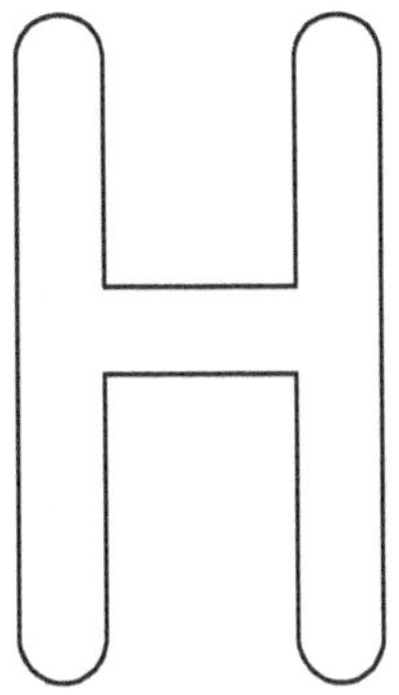

H

h

H is for

House

H is for

Horse

H
H
h
h

H

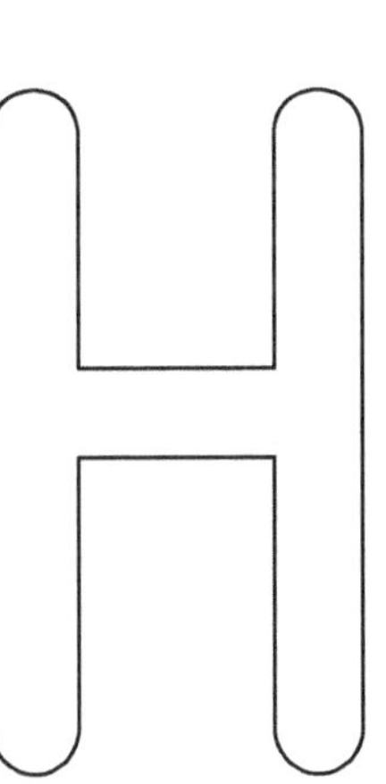

h

h

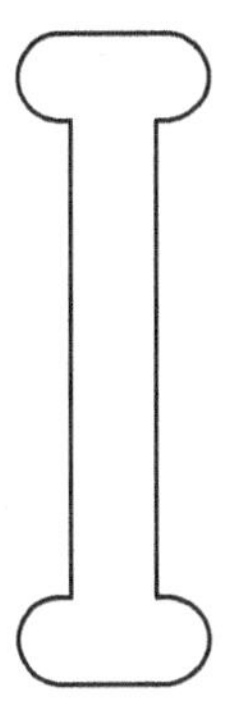

I

i

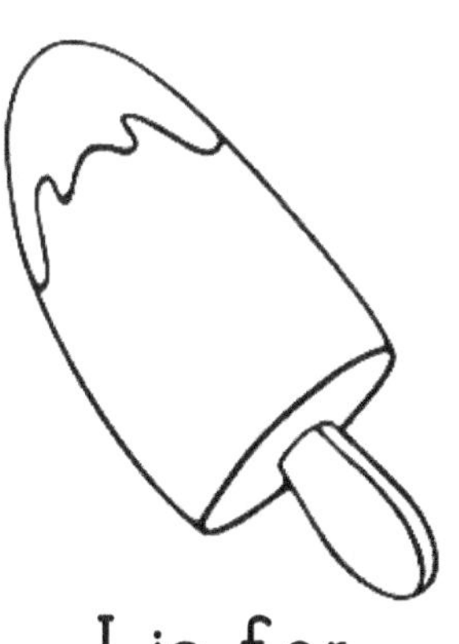

I is for

Ice cream

I is for

Ink

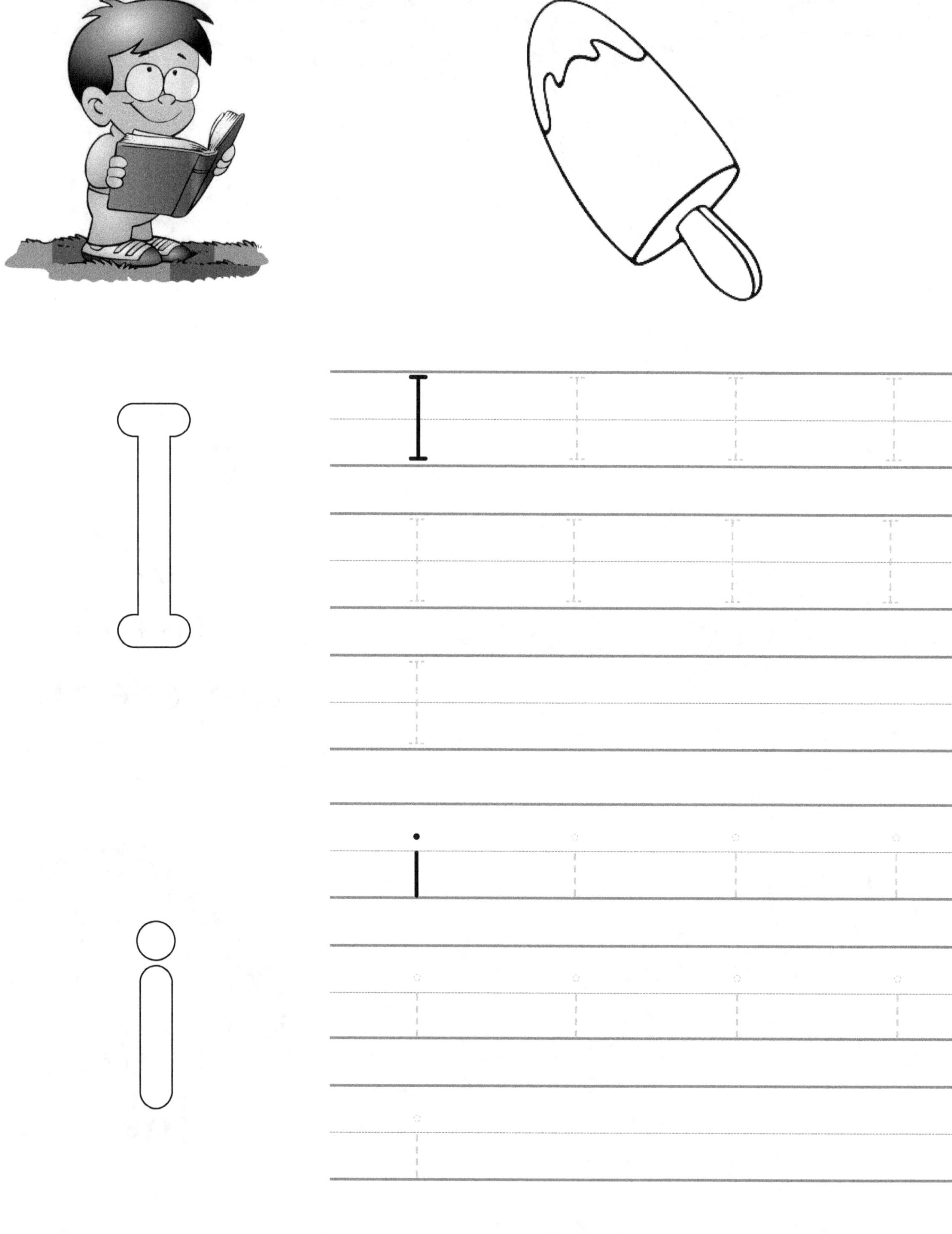

I

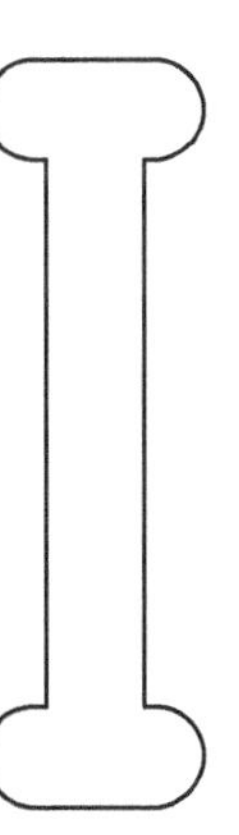

i

i

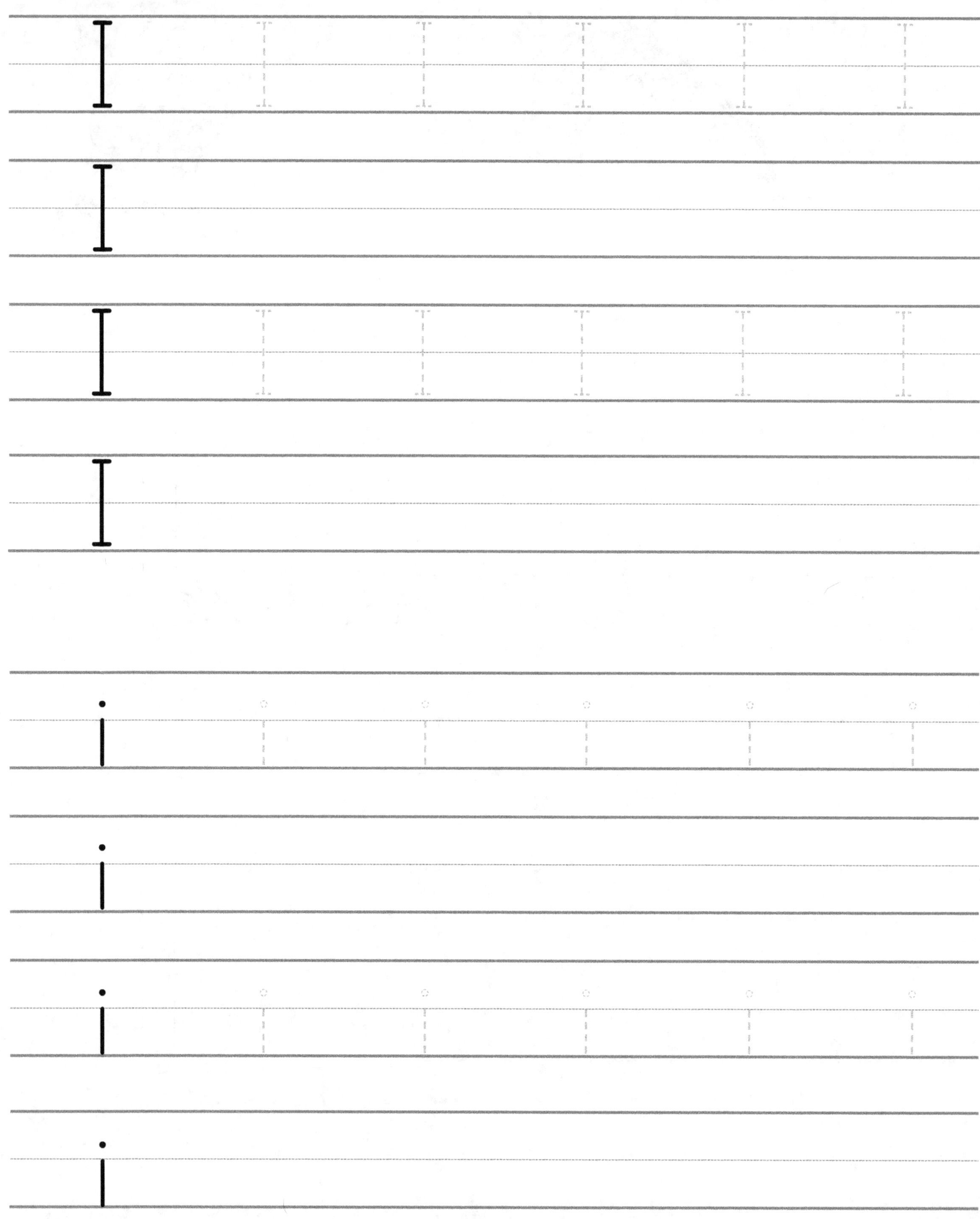

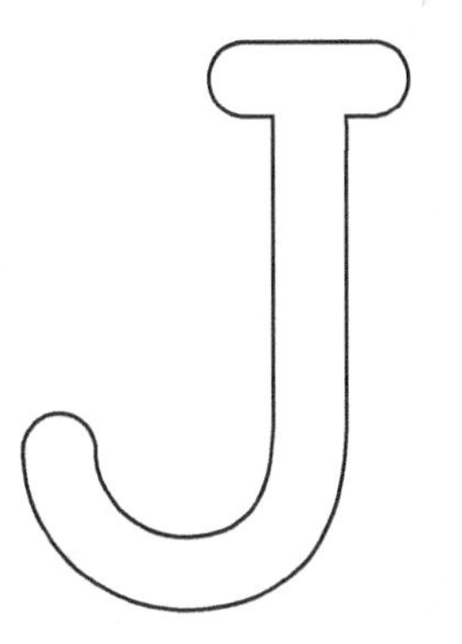

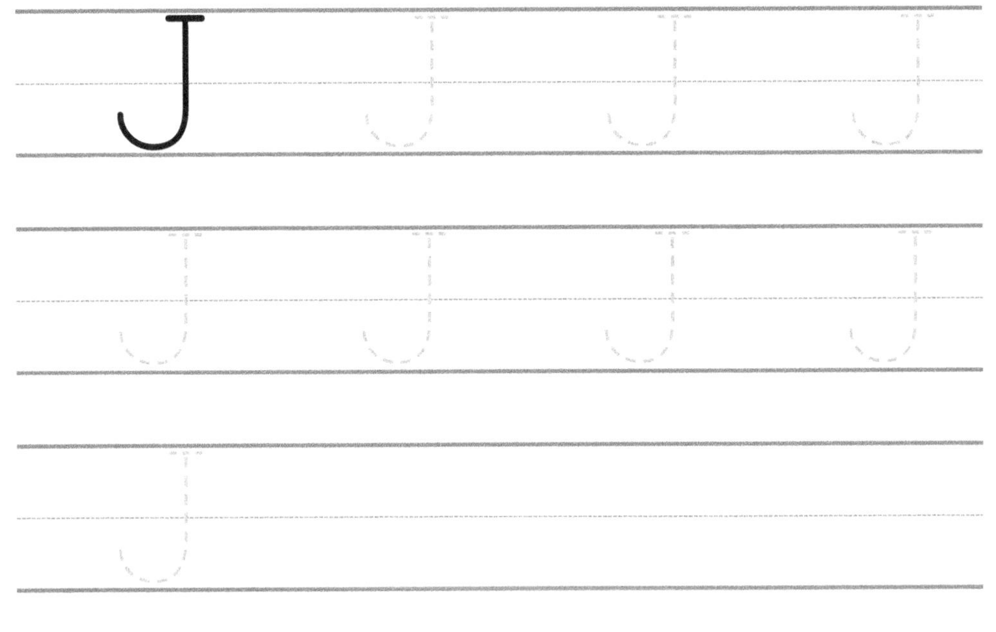

J is for

Jug

J is for

Jellyfish

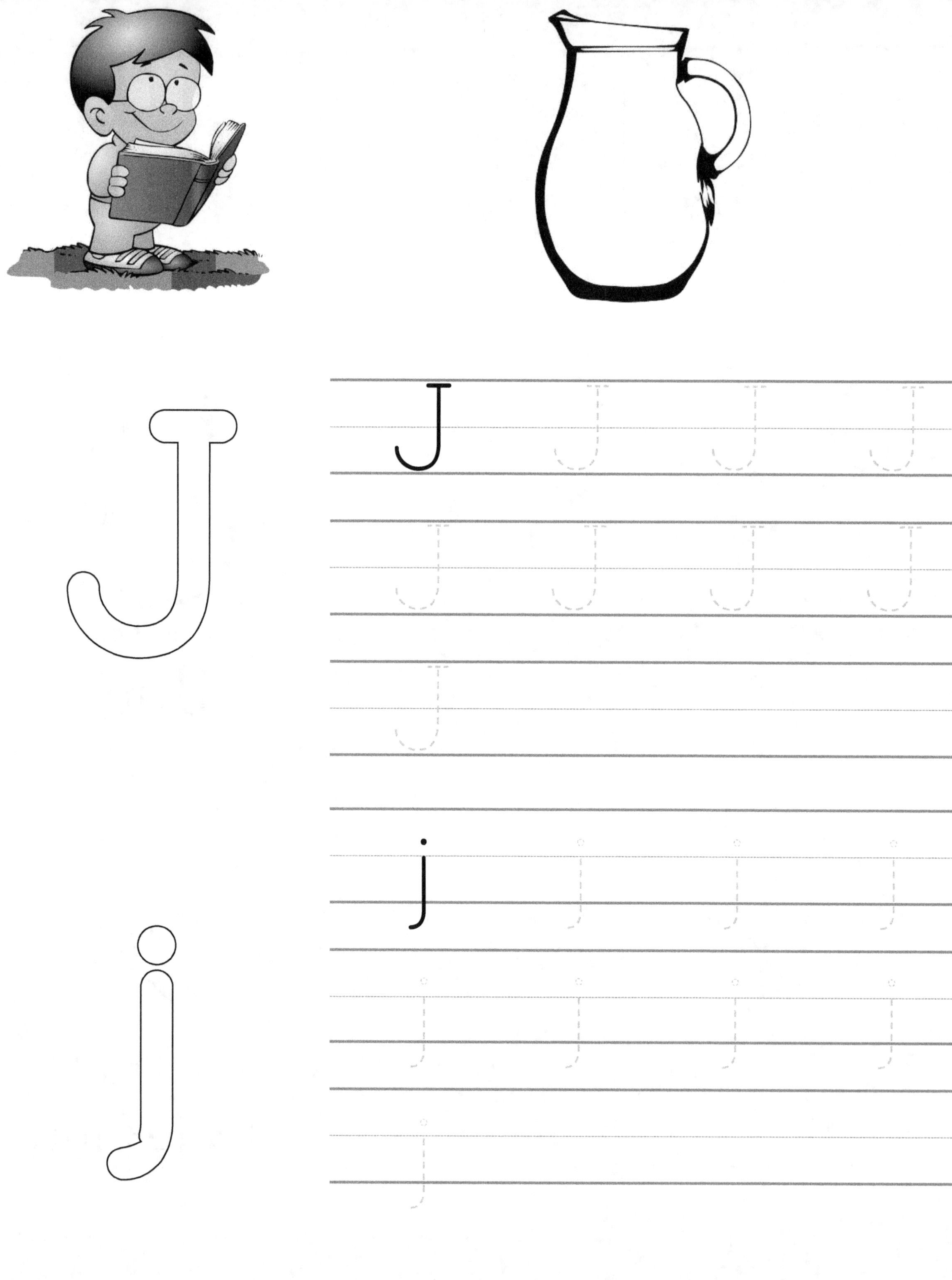
J
j

J
j

K

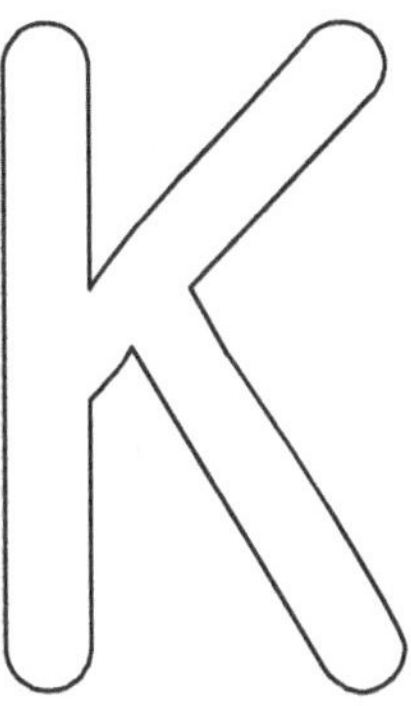

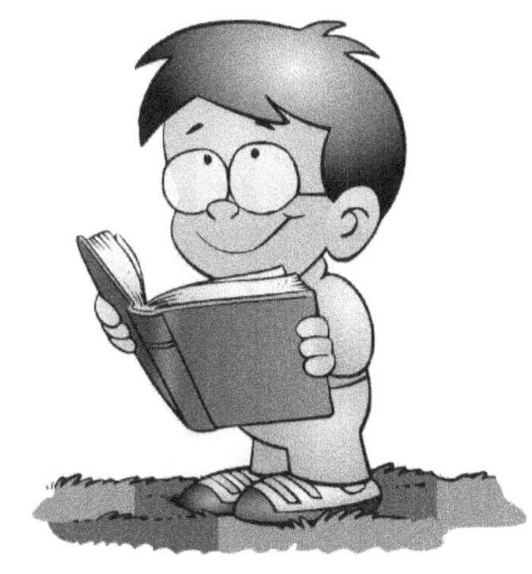

K

k

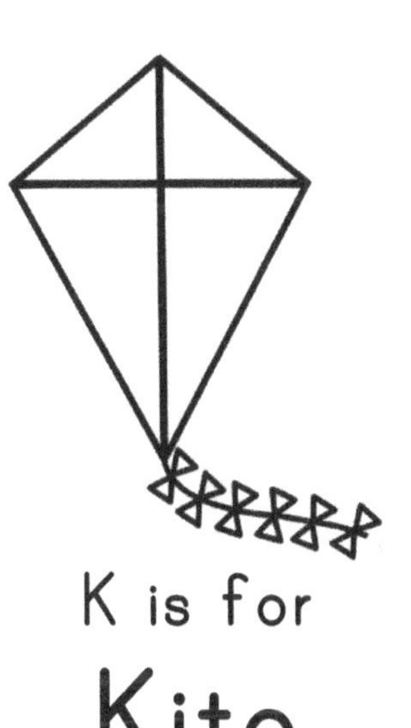

K is for

Kite

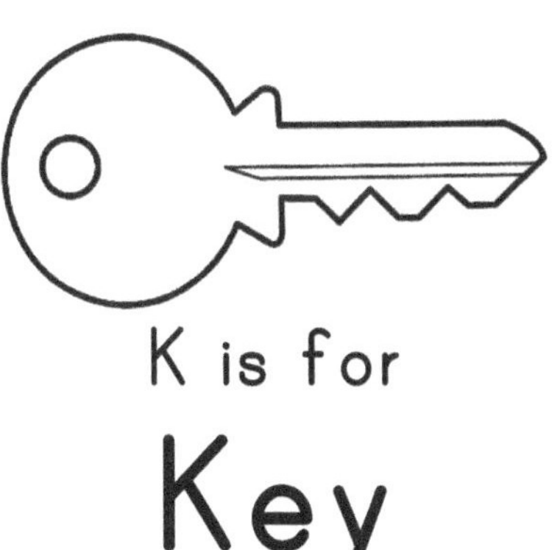

K is for

Key

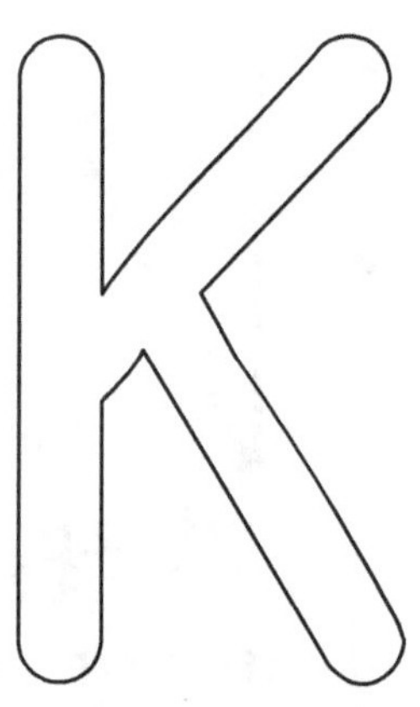

K K K K

K K K K

K

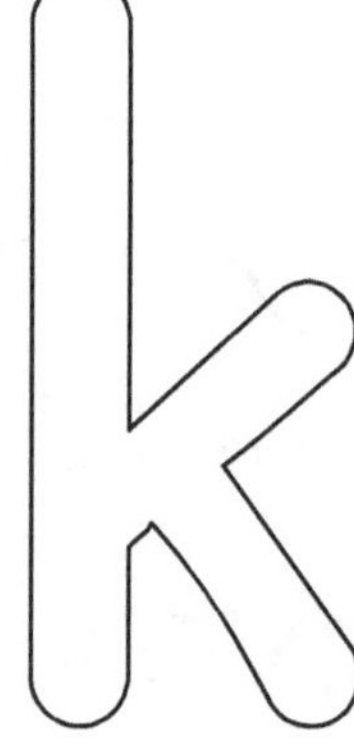

k k k k

k k k k

k

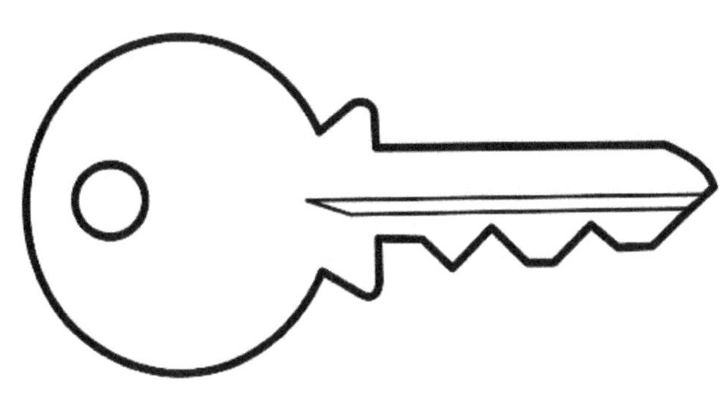

K

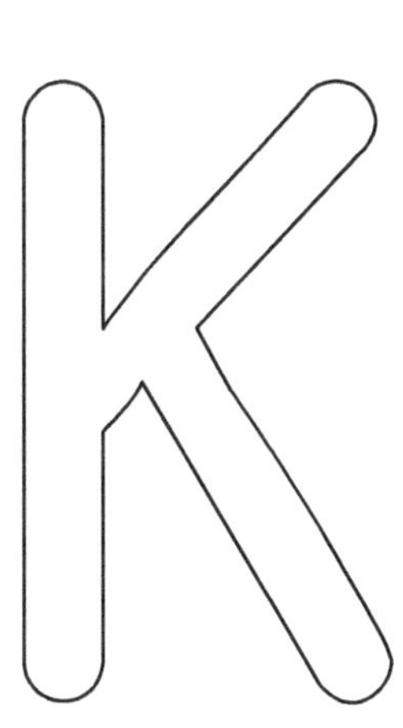

k

L is for

Lion

L is for

Lamp

L
L
l
l

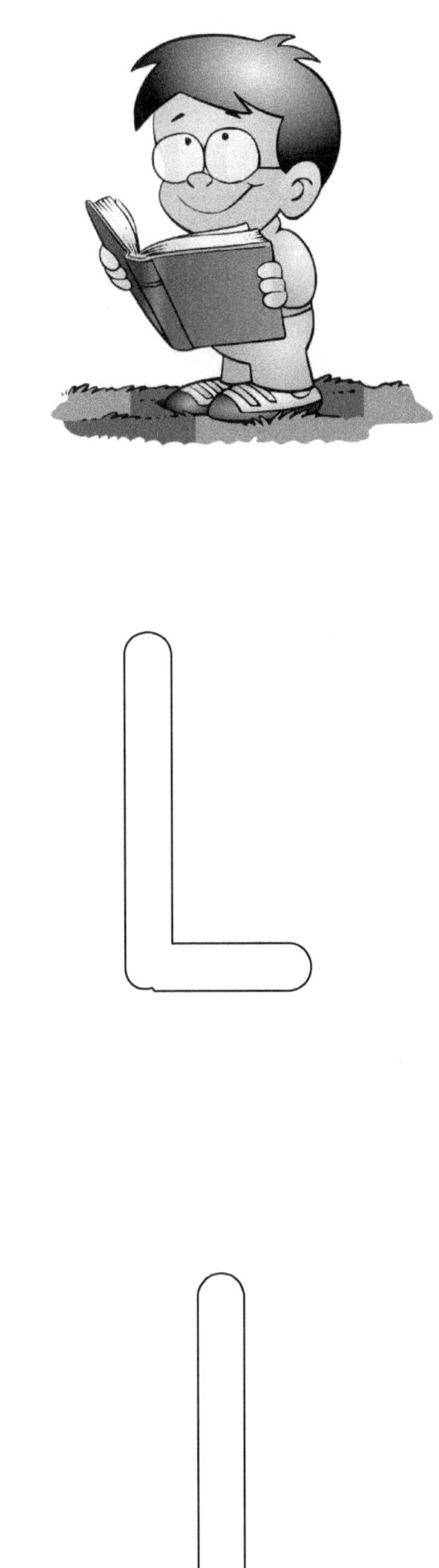

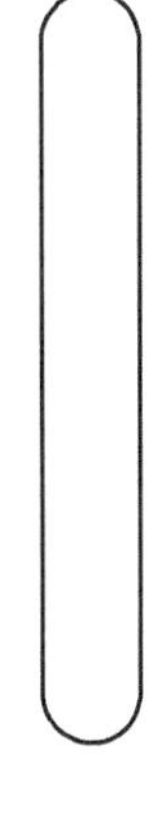

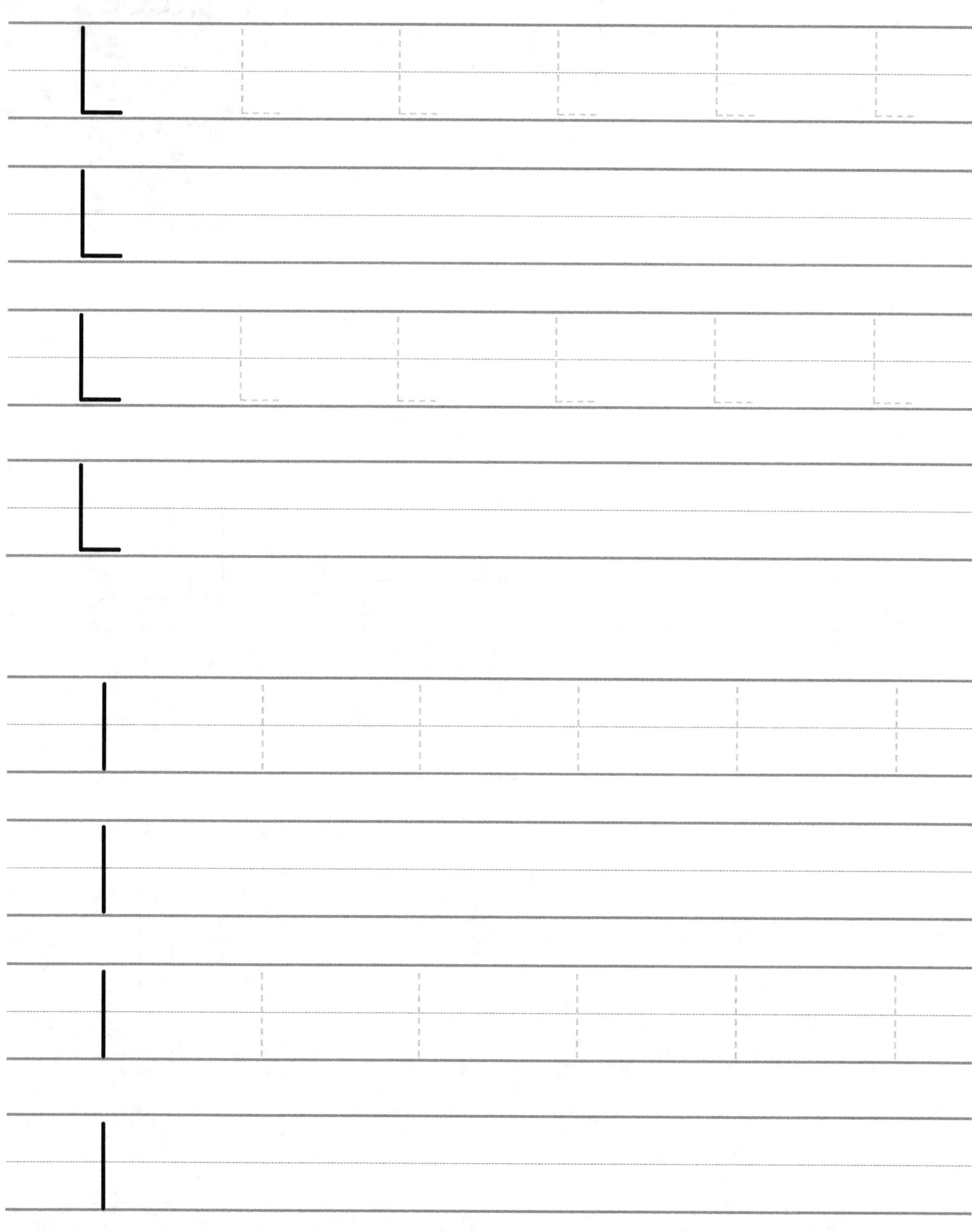

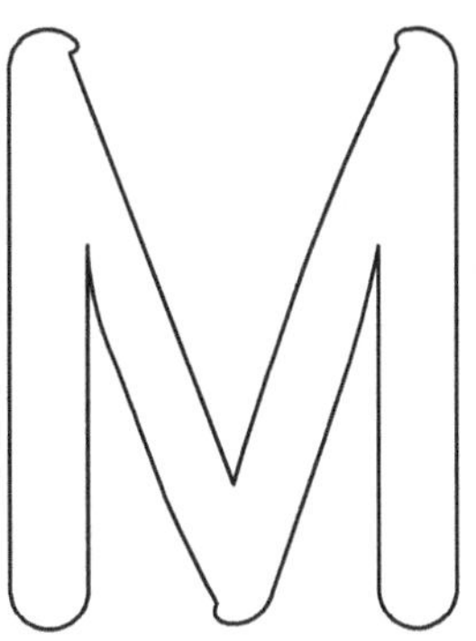

M

M is for

Monkey

M is for

Moon

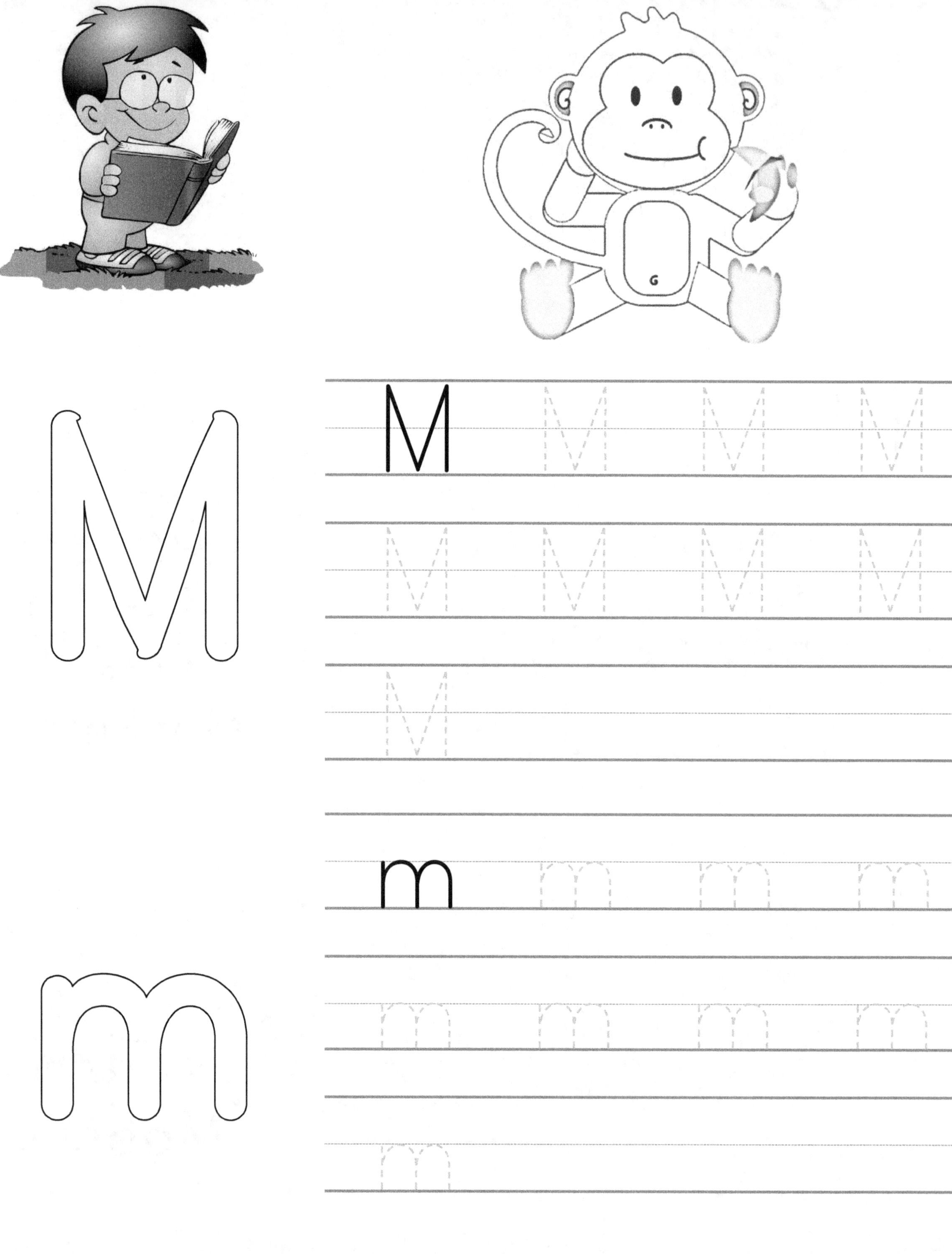
M
m

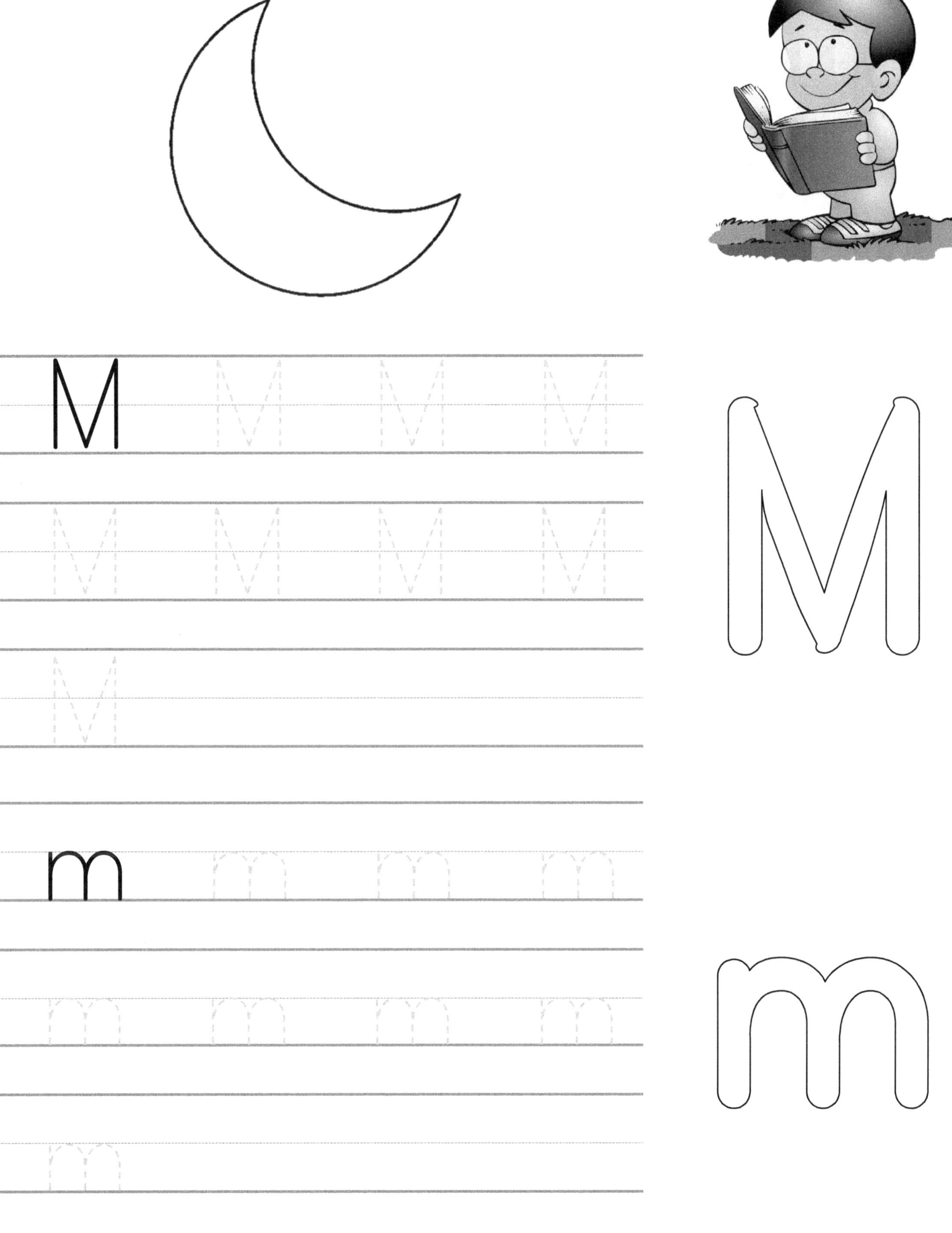
M
m

M M M M M M

M

M M M M M M

M

m m m m m m

m

m m m m m m

m

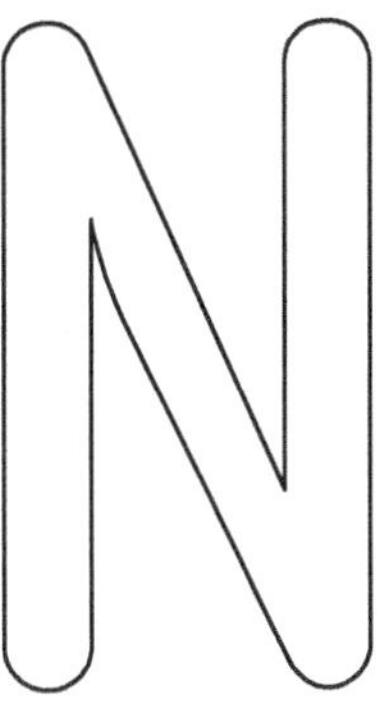

N N N N
N N N N
N

n n n n
n n n n
n

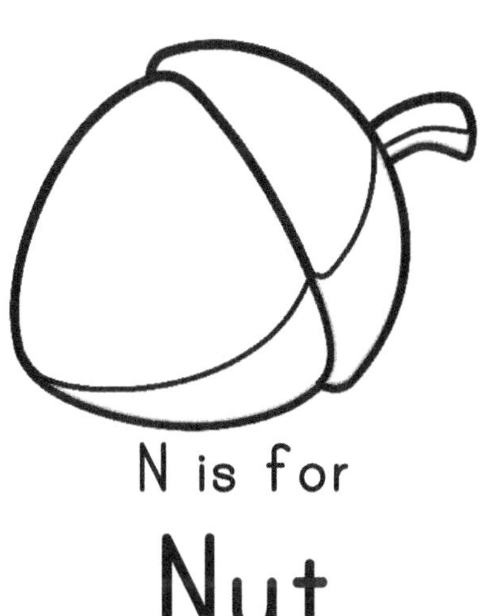

N is for

Nut

N is for

Notebook

N

N

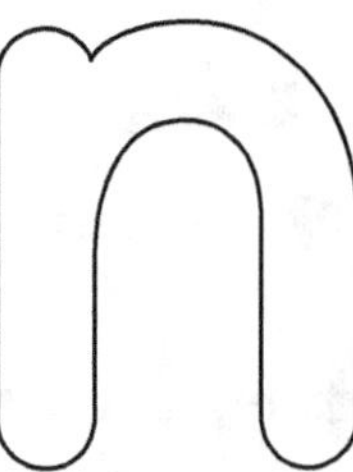

n

N

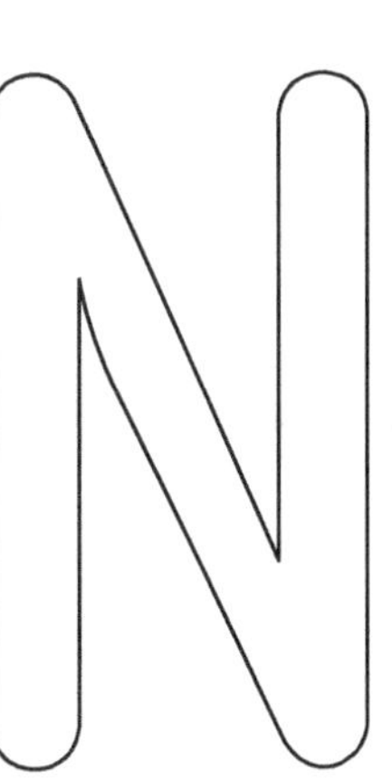

n

N

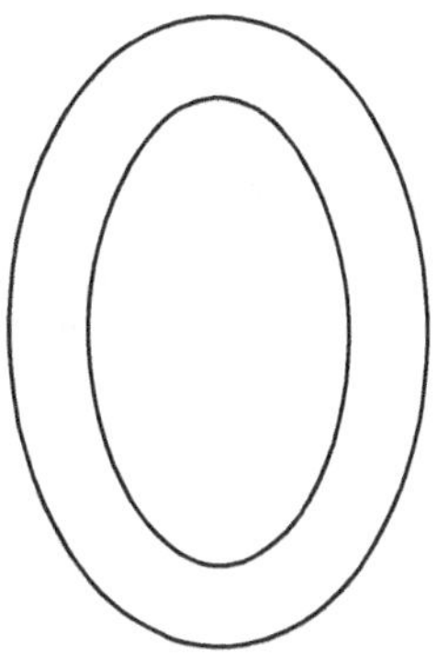

O is for

Orange

O is for

Owl

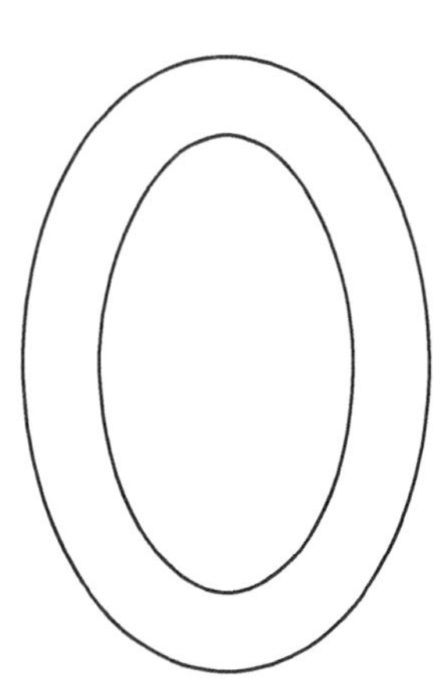

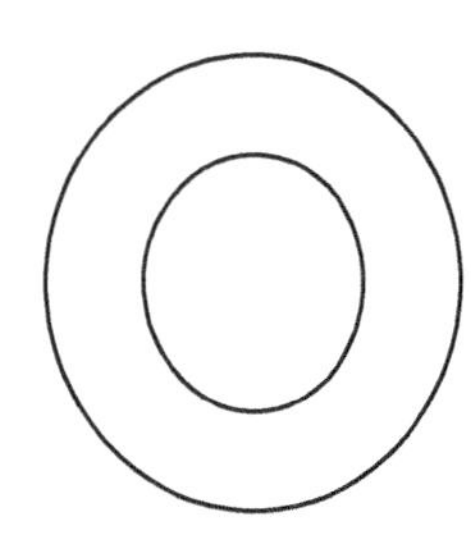

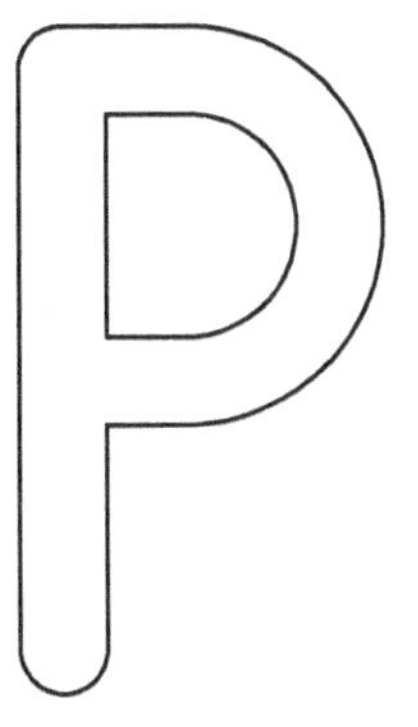

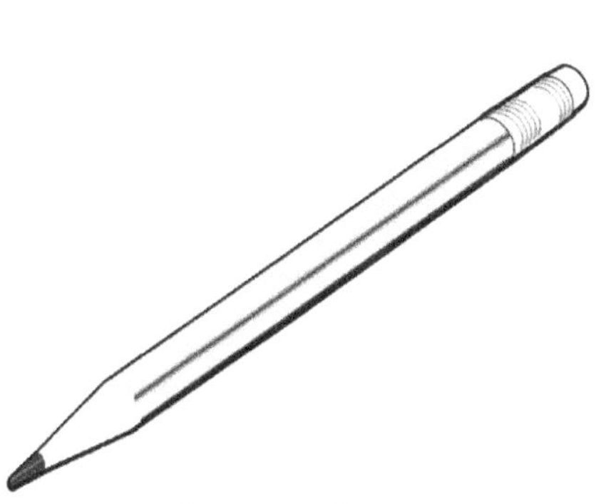

P is for

Pencil

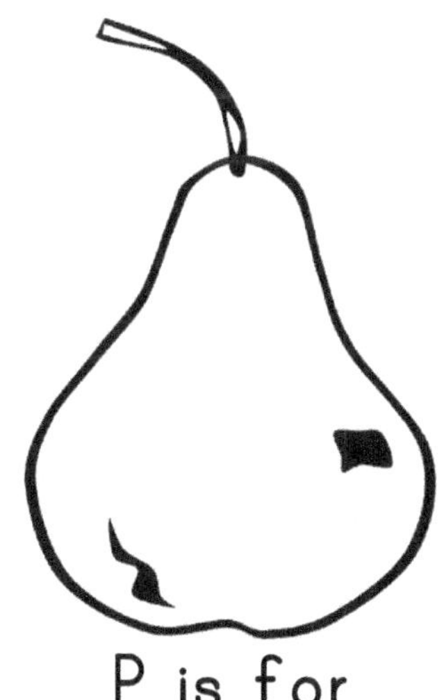

P is for

Pear

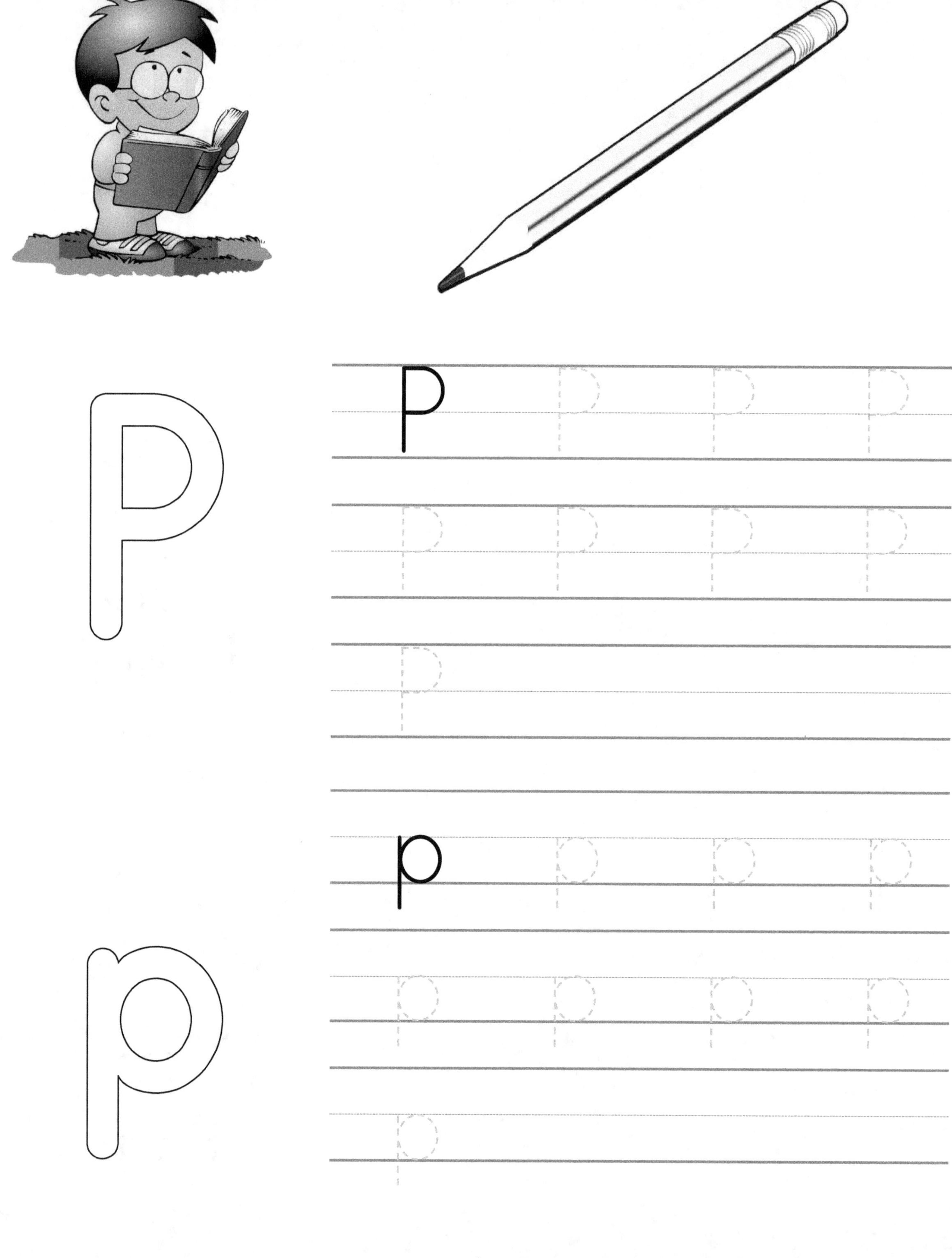

P P P P P P

P

P P P P P P

P

p p p p p p

p

p p p p p p

p

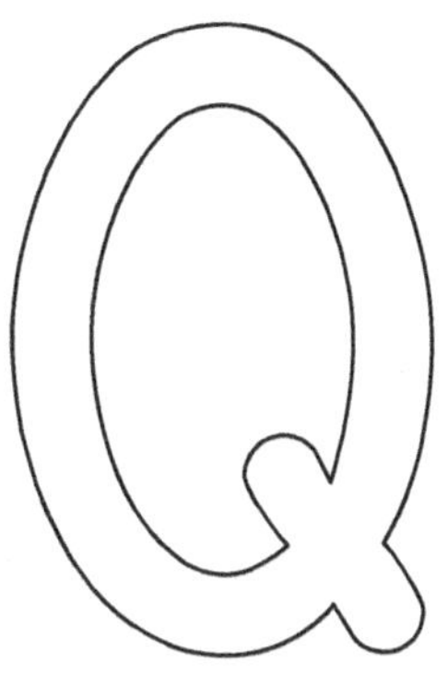

Q is for

Queen

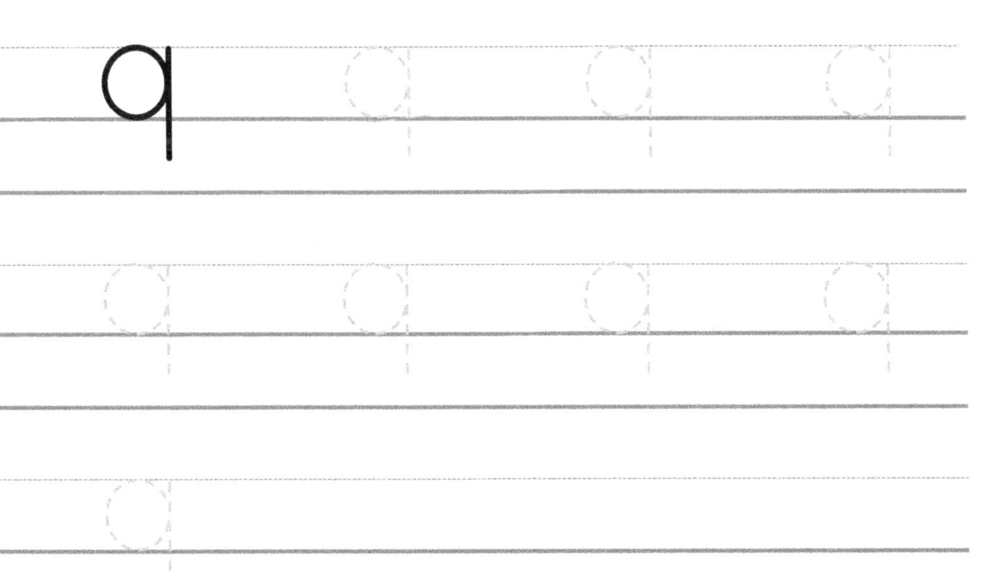

Q is for

Question

Q
q

Q
q

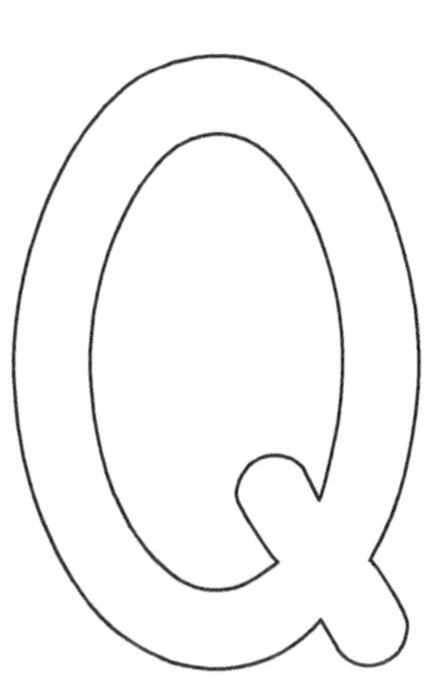

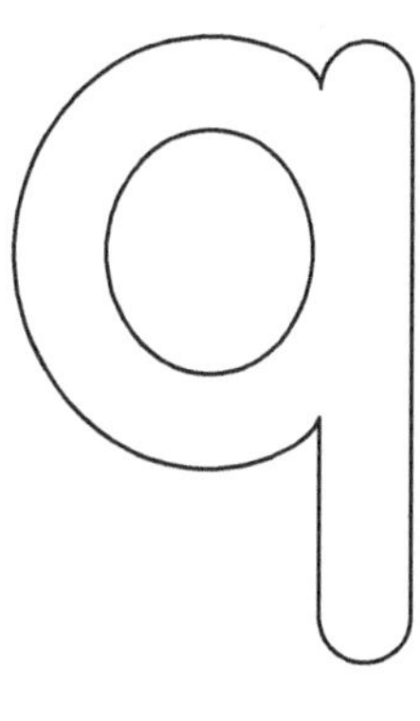

R R R R

R R R R

R

R is for

Robot

r r r r

r r r r

r

R is for

Rabbit

R
R R R R
R R R R
R
r r r r
r r r r
r
r

R R R R

R R R R

R

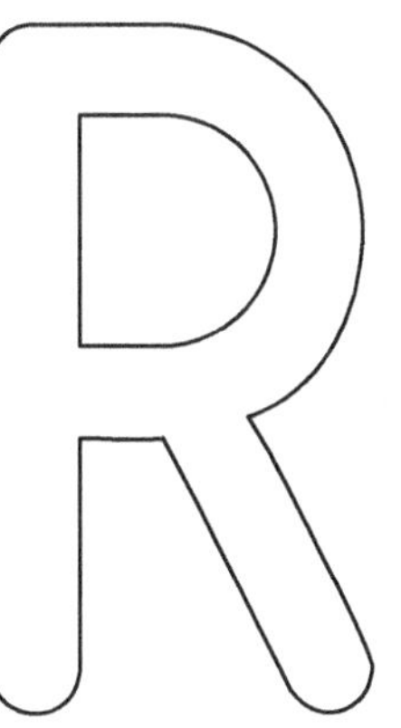

r r r r

r r r r

r

r

R R R R R R
R
R R R R R R
R
r r r r r r
r
r r r r r r
r

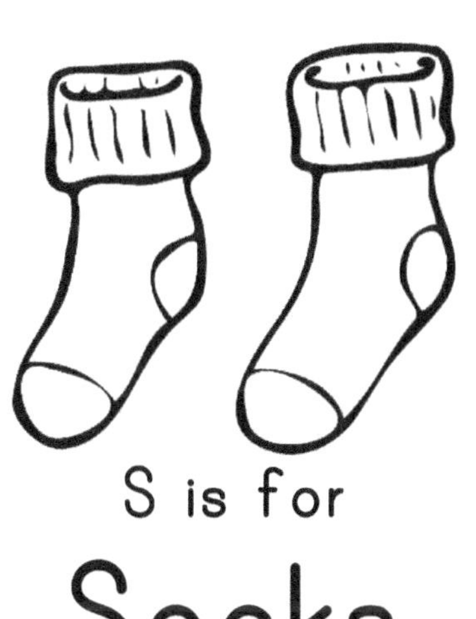

S is for

Socks

S is for

Squirrel

S
s

S

s

s

S S S S S S

S

S S S S S S

S

s s s s s s

s

s s s s s s

s

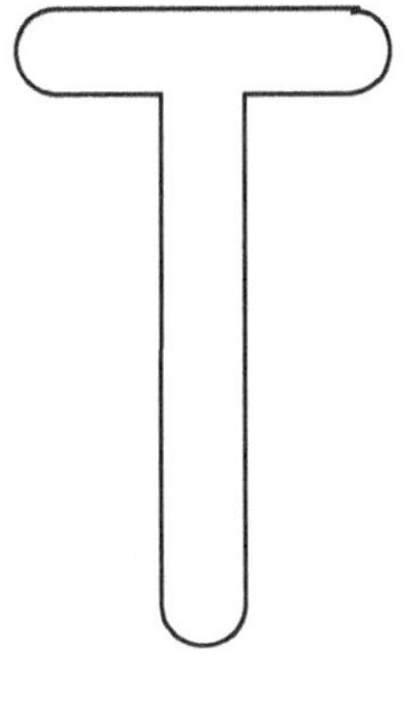

T is for

Tree

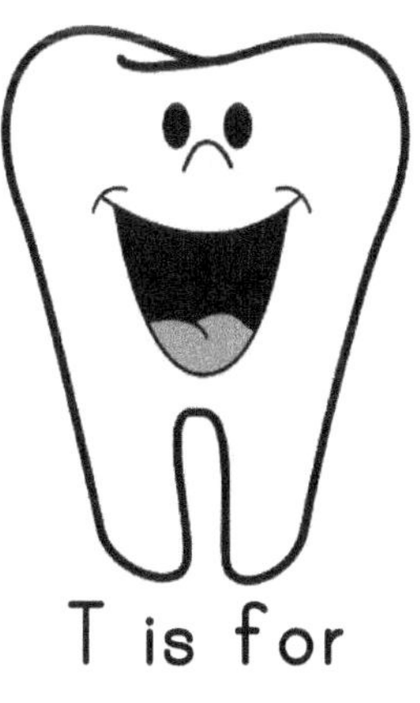

T is for

Teeth

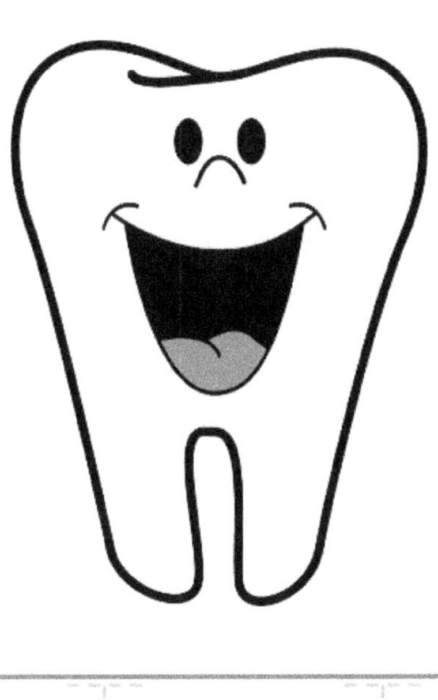

T

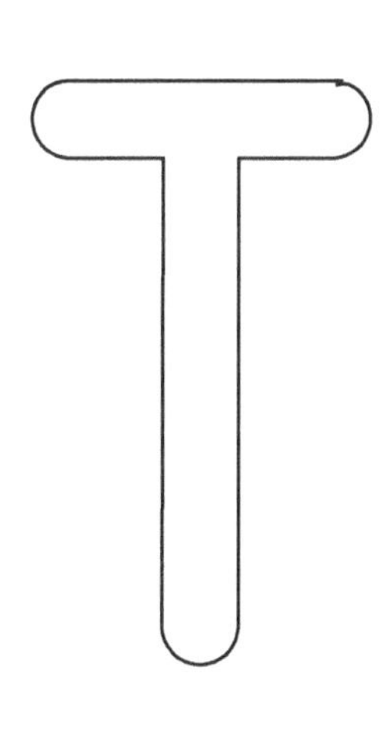

t

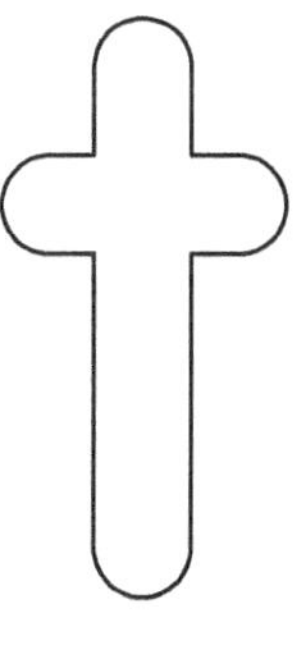

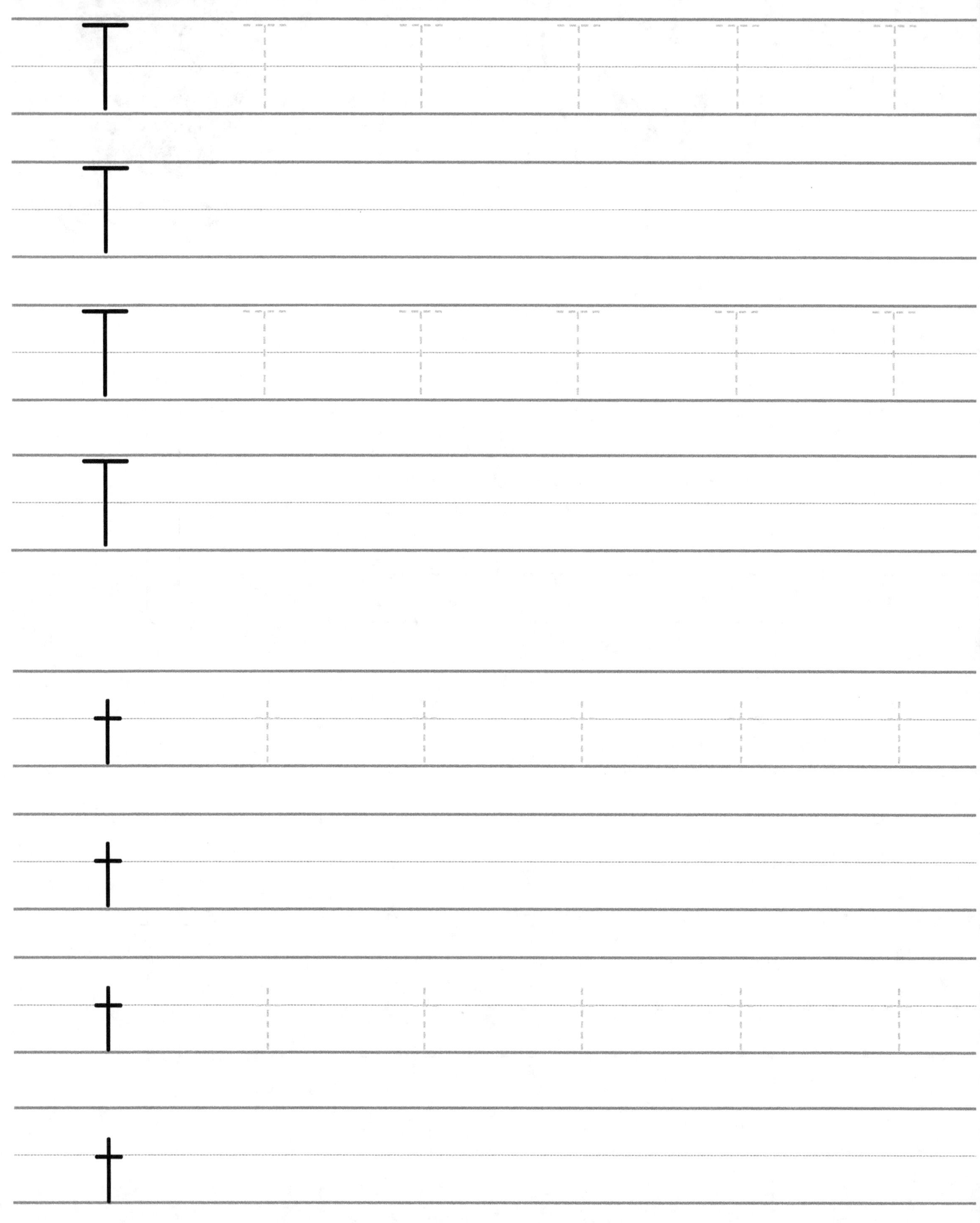

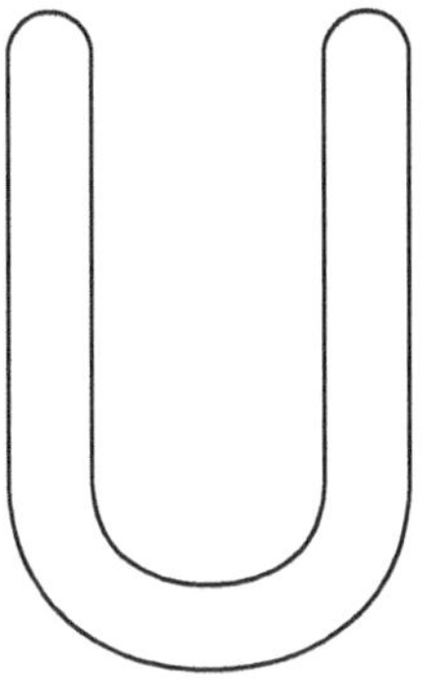

U is for

Umbrella

U is for

Unicycle

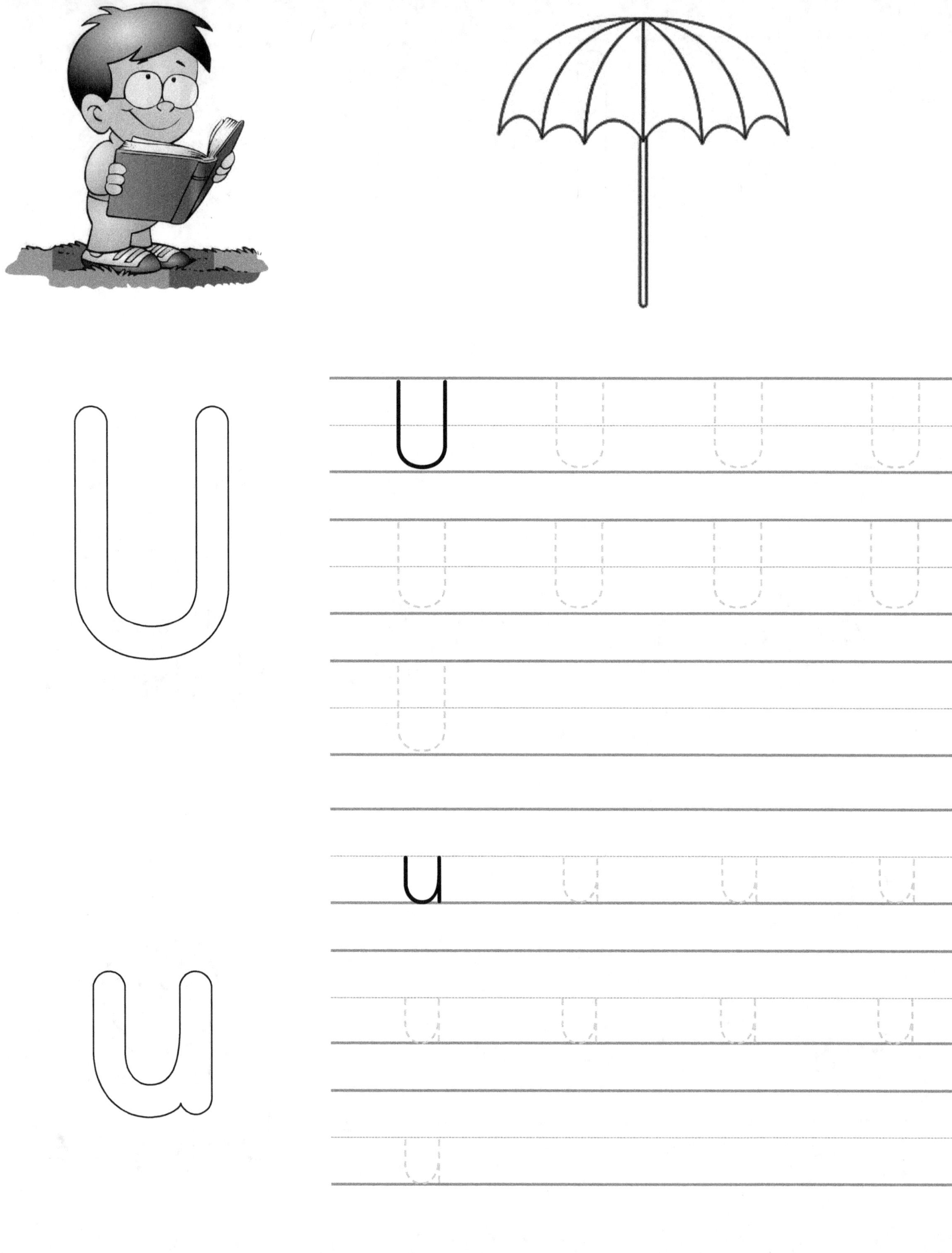

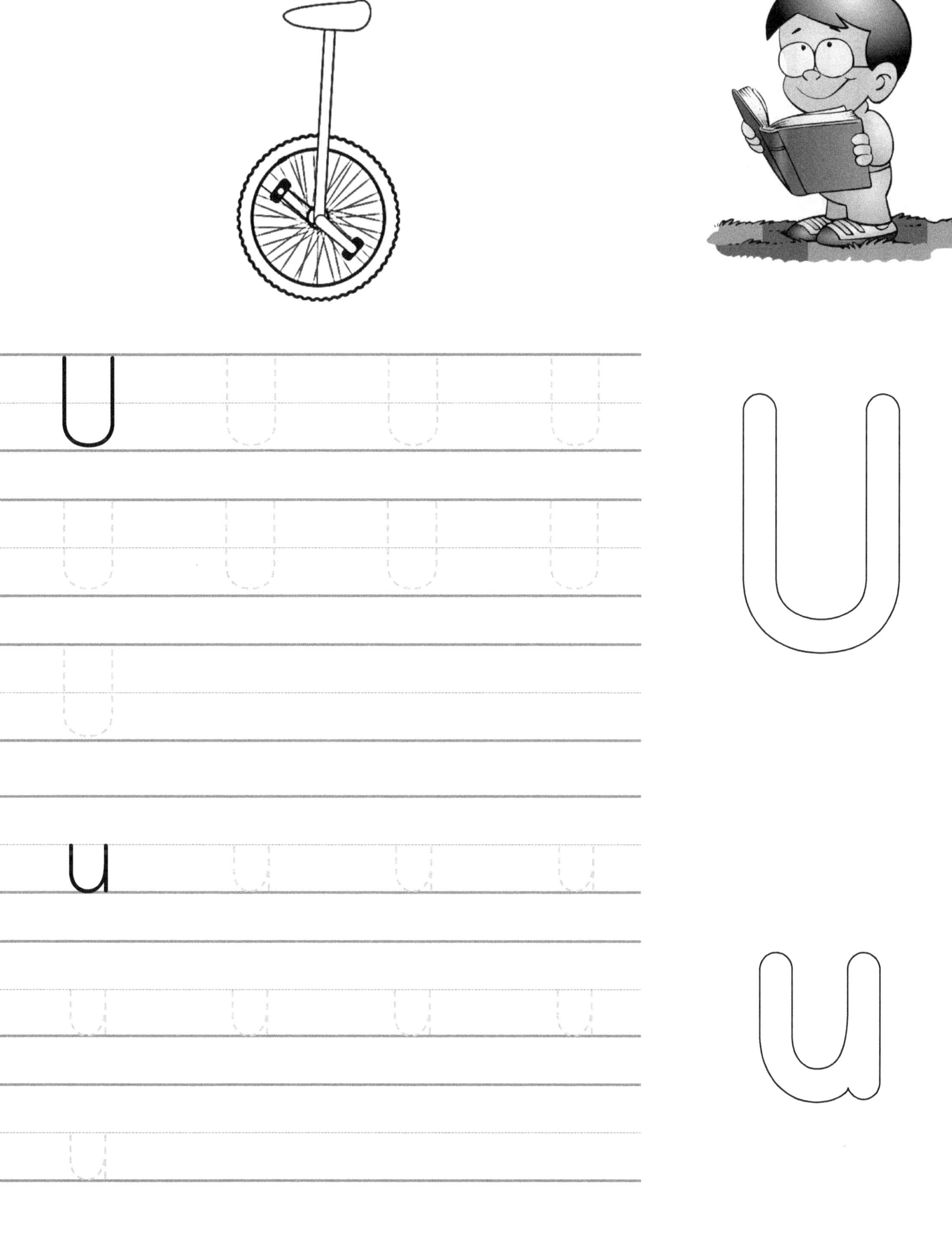

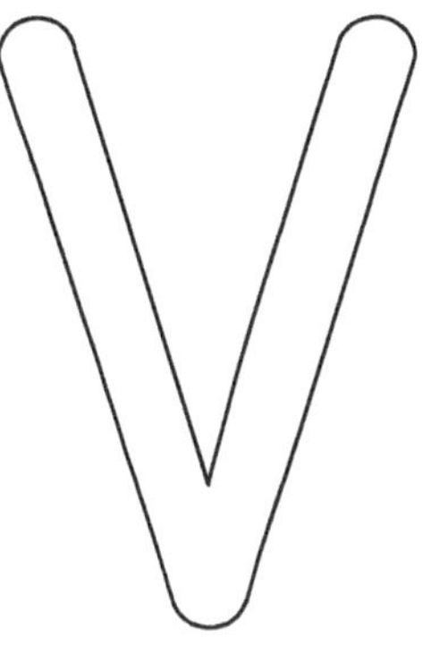

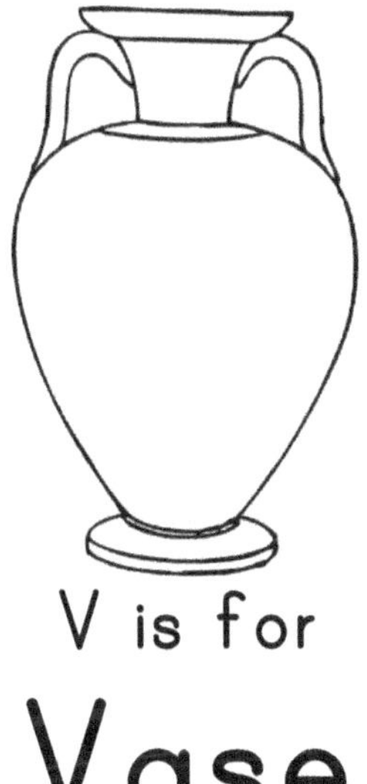

V is for

Vase

V is for

Violin

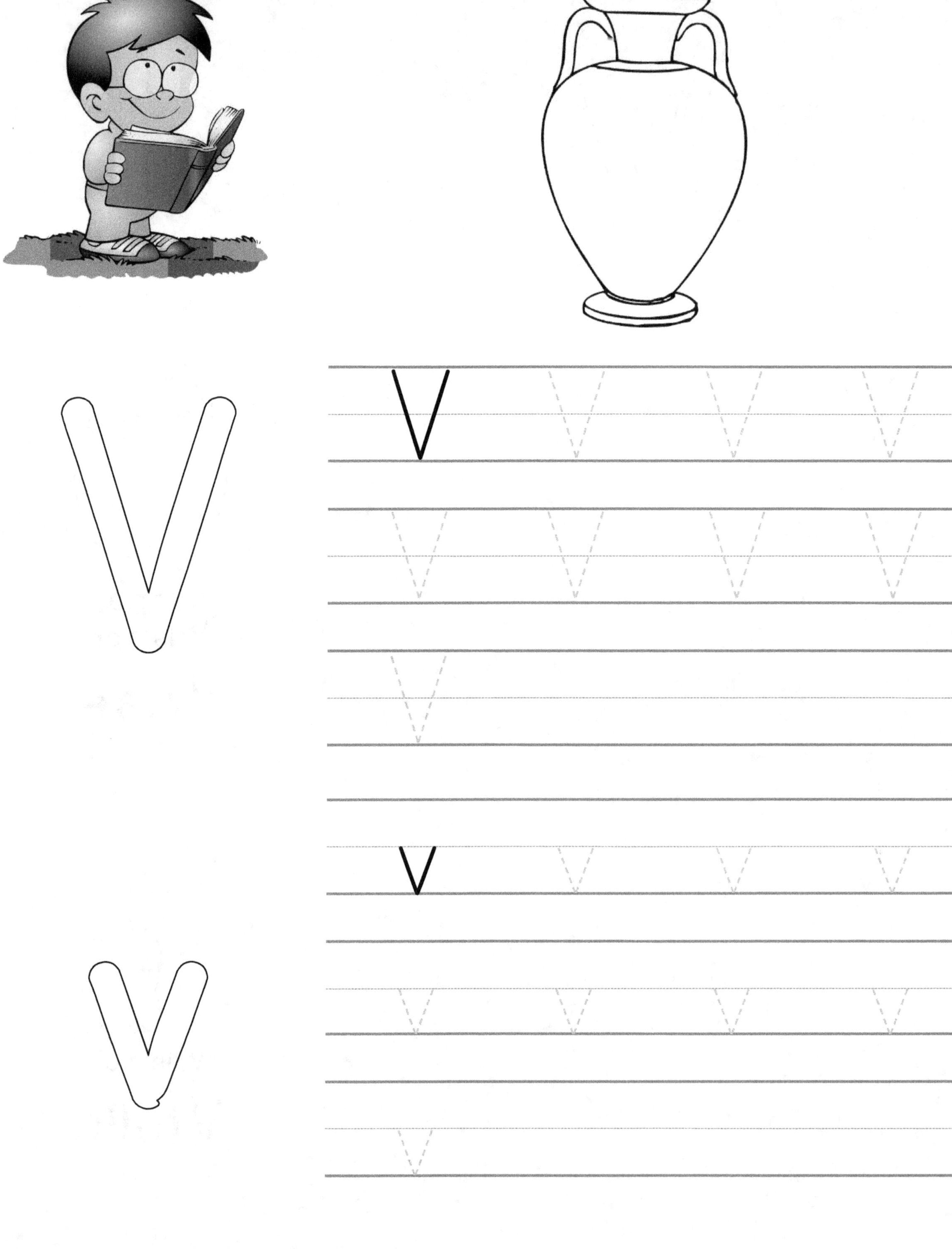

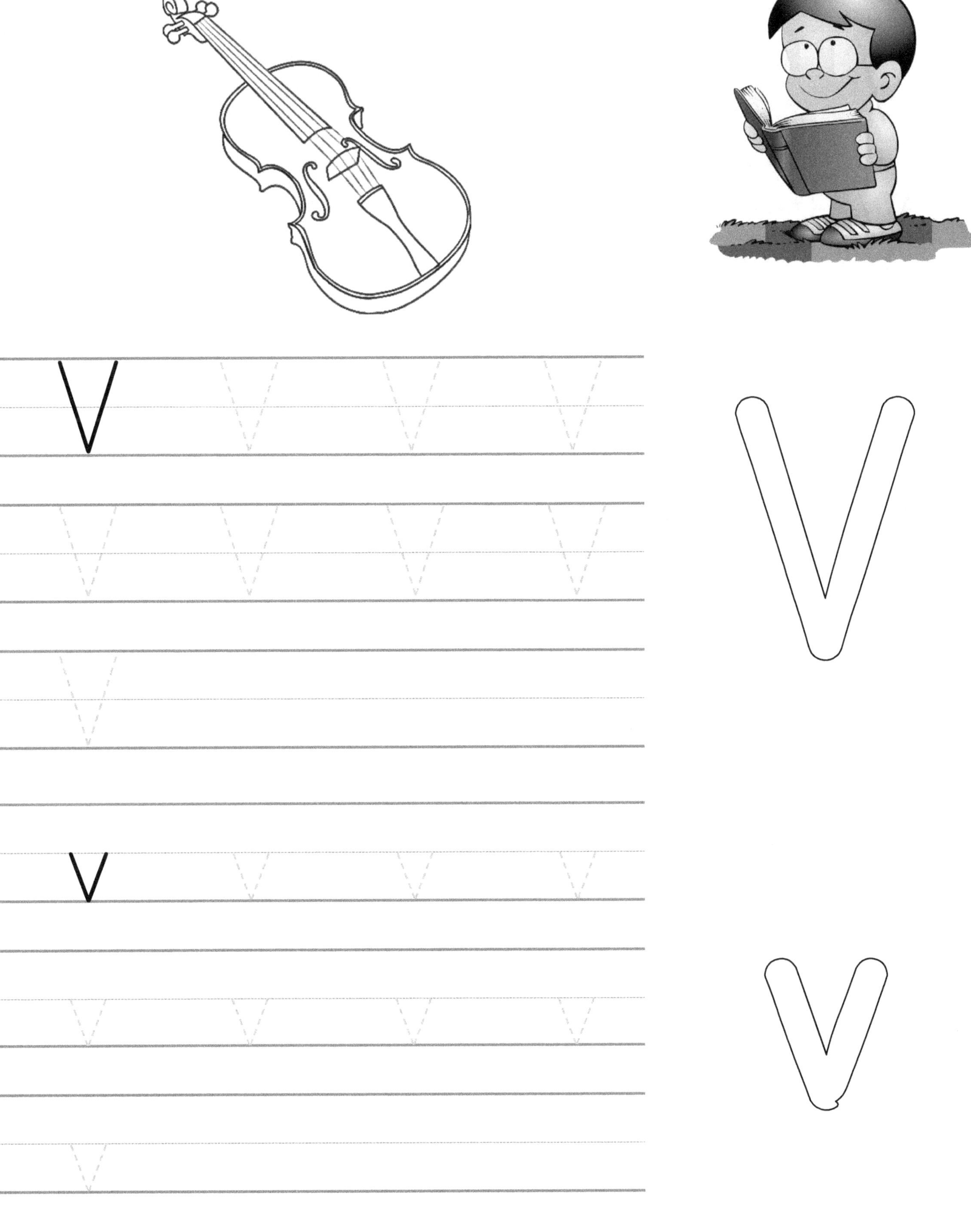
V
v

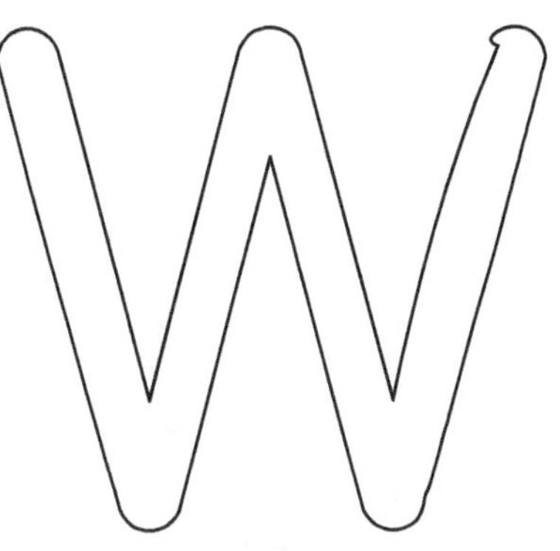

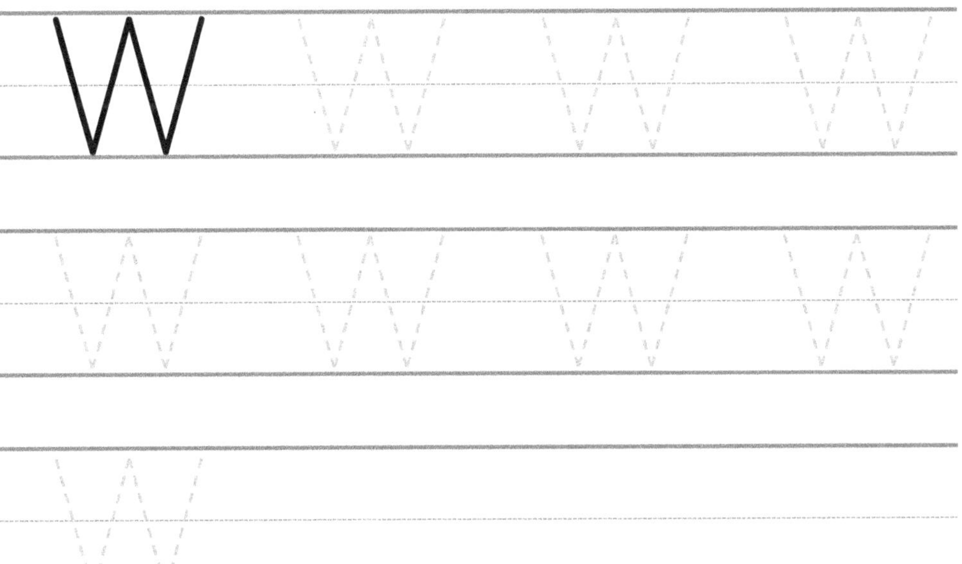

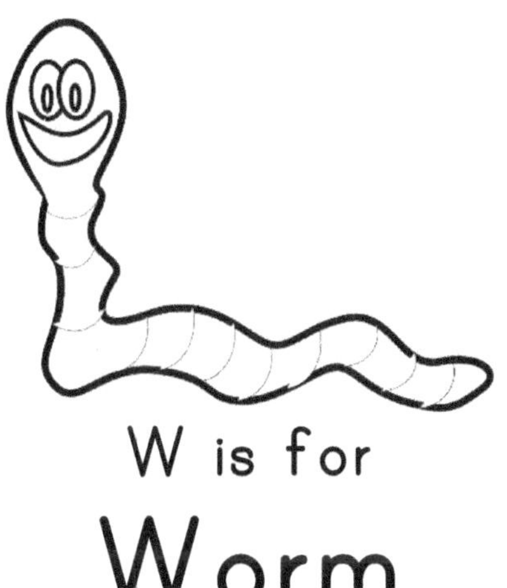

W is for

Worm

W is for

Watch

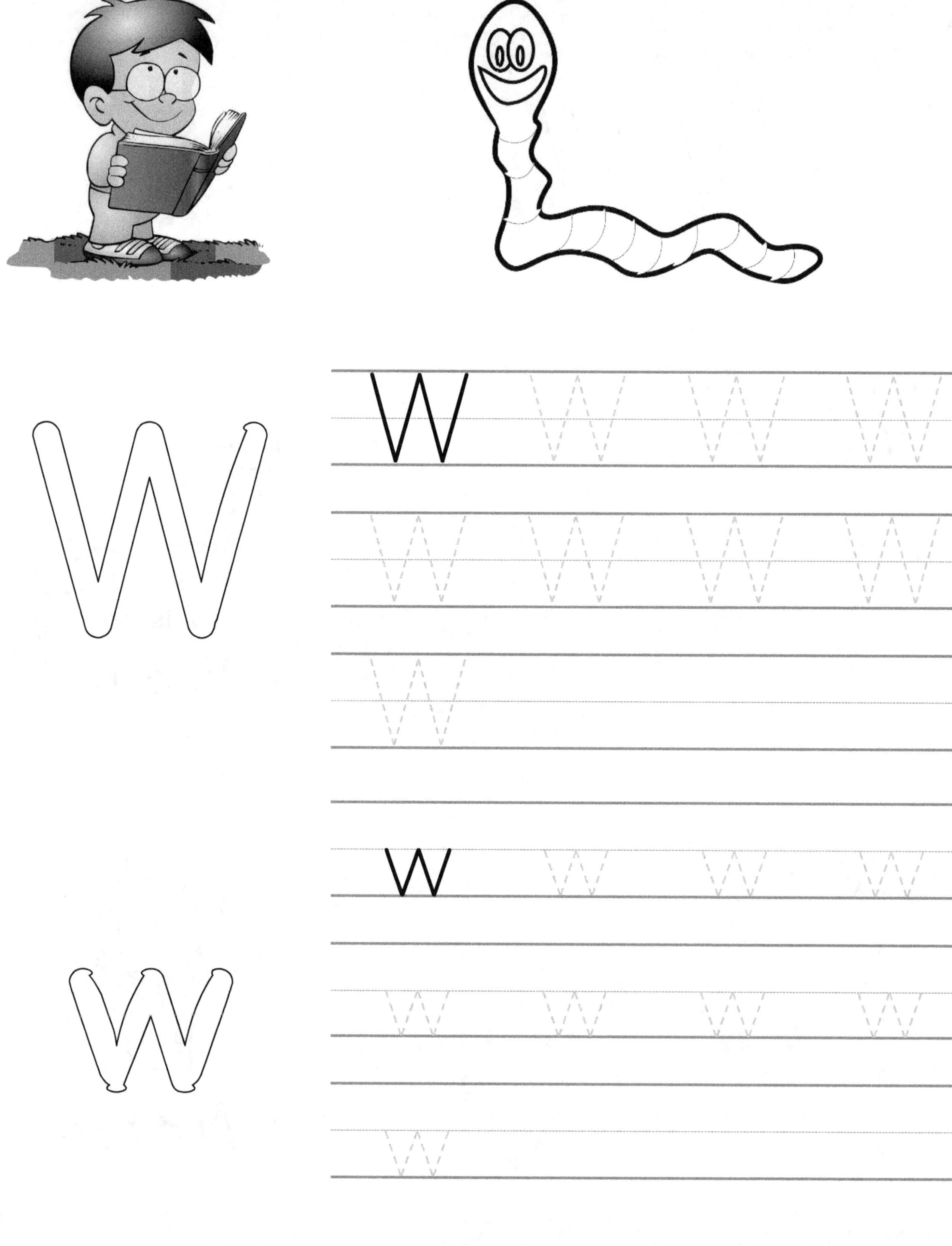

W

w

W W W W W W

W

W W W W W W

W

w w w w w w

w

w w w w w w

w

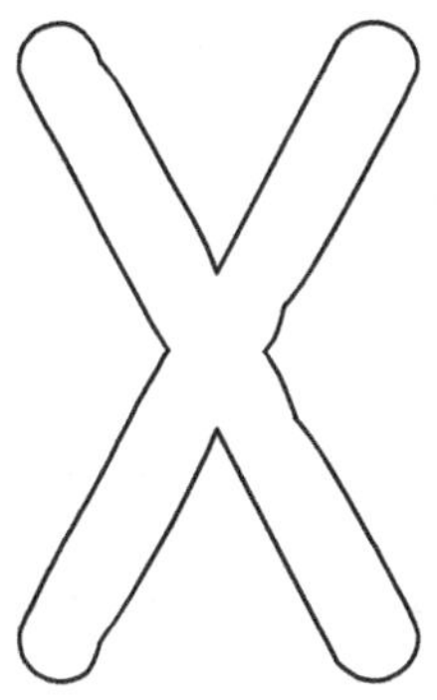

X

x

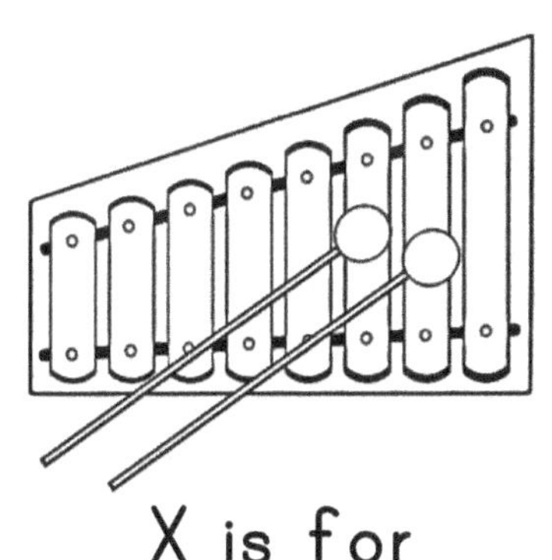

X is for

Xylophone

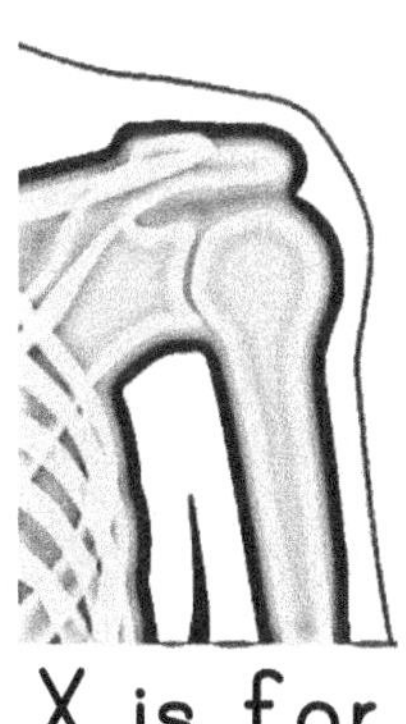

X is for

X-ray

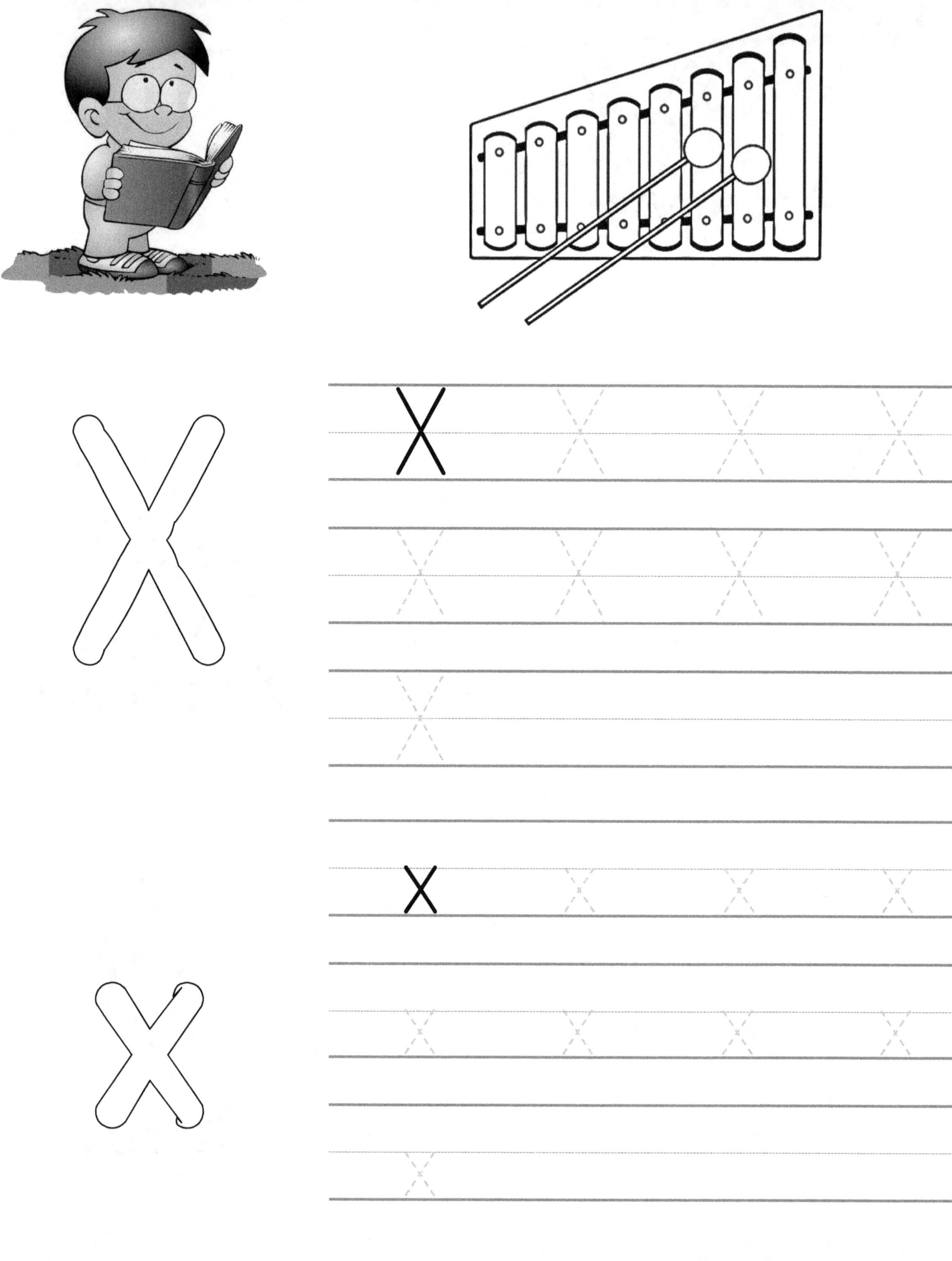

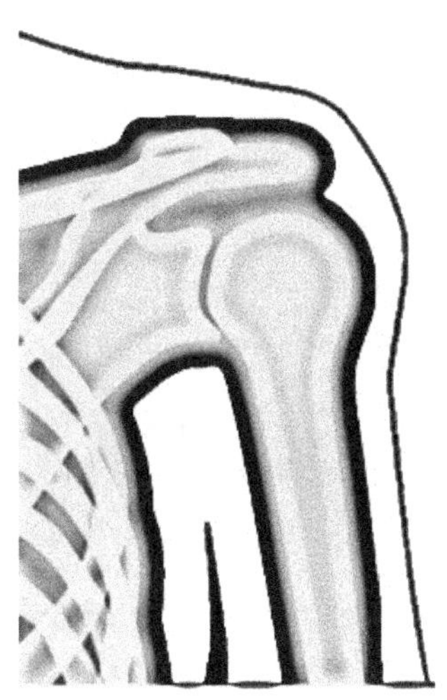

X

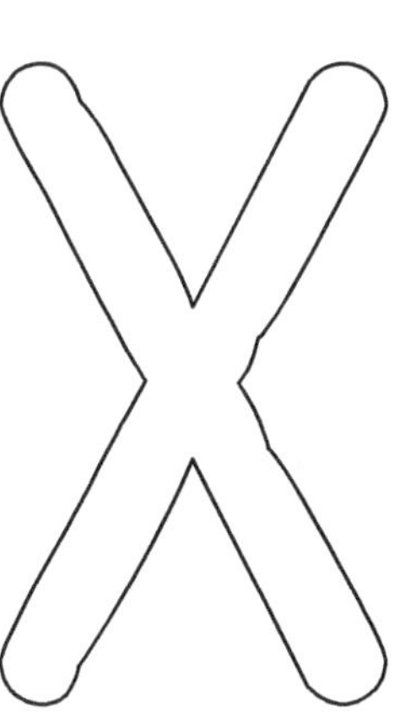

x

x

X

X

X

X

x

x

x

x

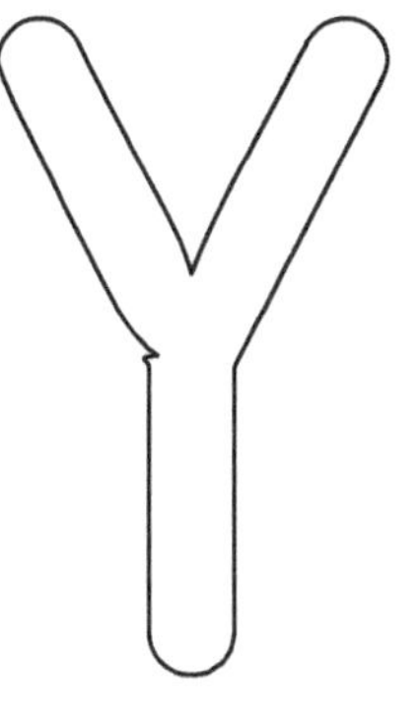

Y is for

Yoyo

Y is for

Yarn

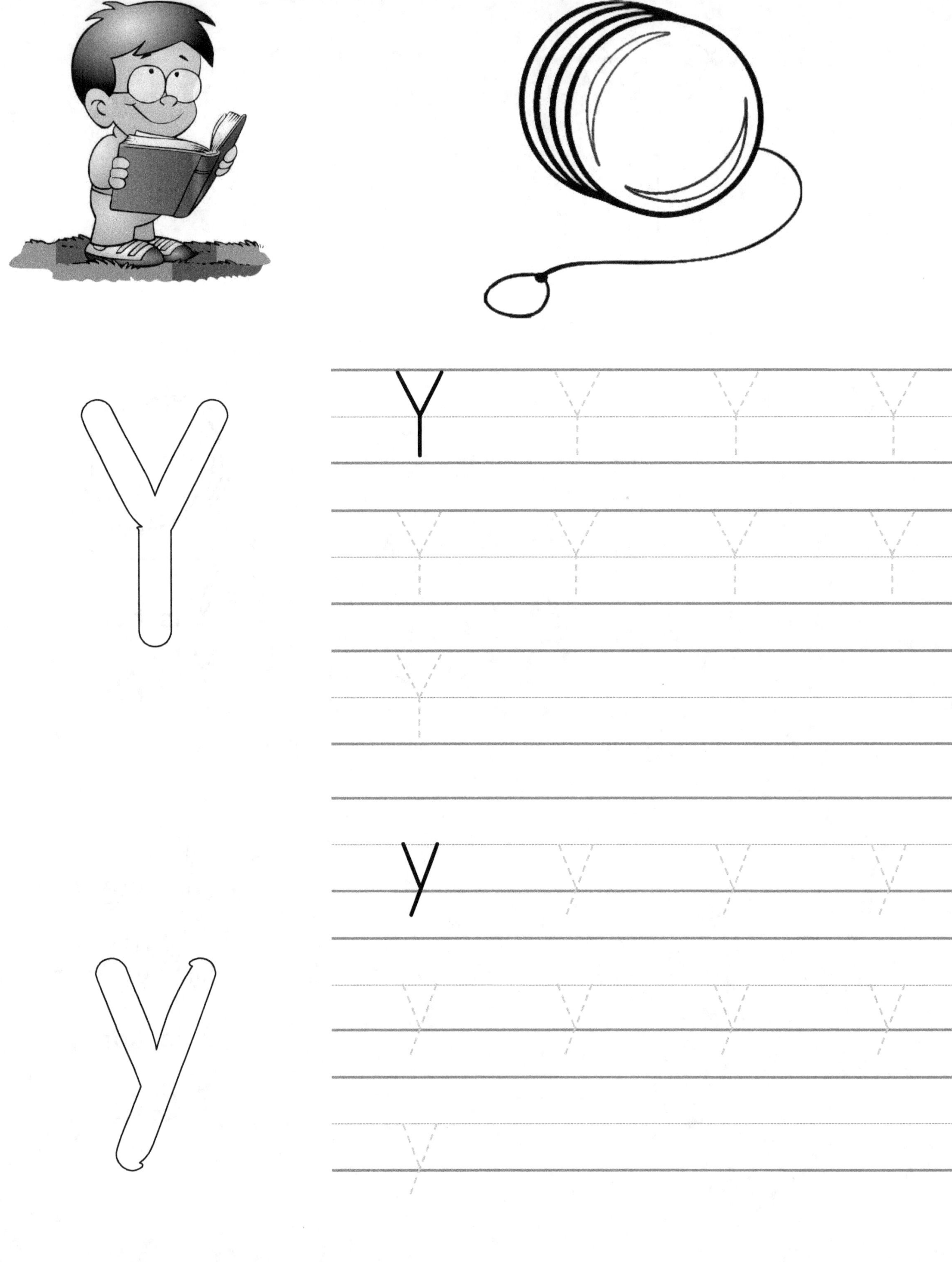

Y
y

Y

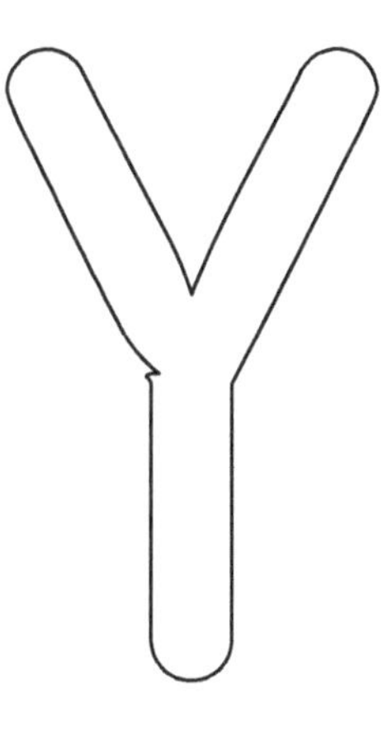

y

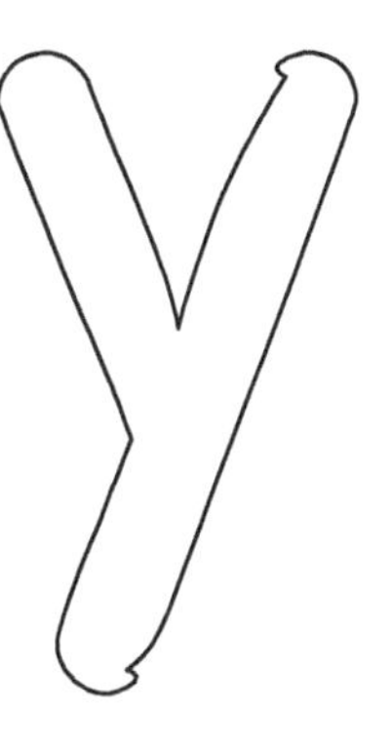

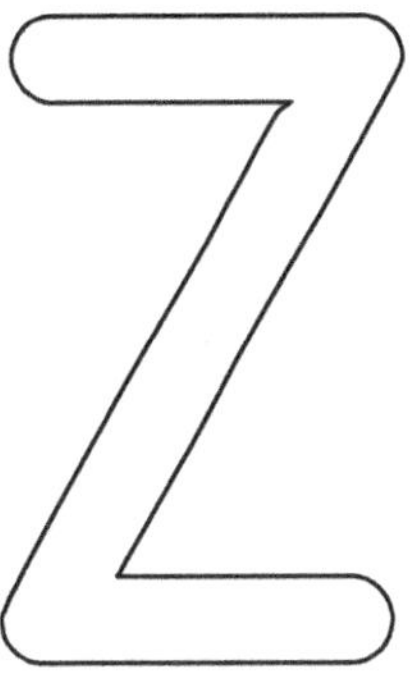

Z

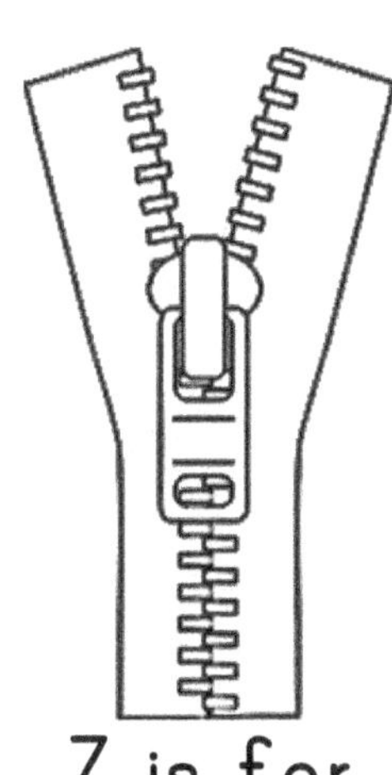

Z is for

Zipper

z

Z is for

Zebra

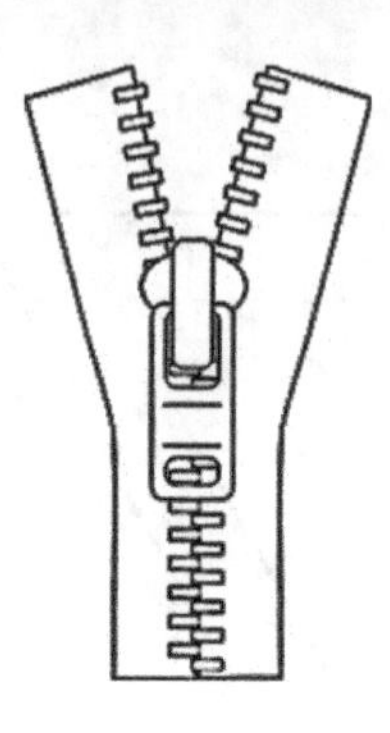

Z

Z

z

z

Z

Z

z

z

Z

Z

Z

Z

z

z

z

z

www.ingramcontent.com/pod-product-compliance
Lightning Source LLC
Chambersburg PA
CBHW081257130726
47998CB00010B/2829

* 9 7 9 8 6 8 5 0 4 1 6 1 6 *